LE

LIVRE D'OR

DE L'ENSEIGNEMENT PRIMAIRE

Des Côtes-du-Nord (pour 1893)

PAR

J. LE HÉNAFF

Directeur de l'Ecole Communale de Tannion

Officier de l'Instruction Publique

CONTENANT

Outre les Noms des Lauréats

256 DEVOIRS

Donnés dans les Examens

———◄◦►◄◦►———

LANNION

IMPRIMERIE H. MAUGER, RUE DES AUGUSTINS.

LE

LIVRE D'OR

DE L'ENSEIGNEMENT PRIMAIRE

Des Côtes-du-Nord (pour 1893)

PAR

J. Le Hénaff

Directeur de l'Ecole Communale de Lannion

Officier de l'Instruction Publique

CONTENANT

Outre les Noms des Lauréats

256 DEVOIRS

Donnés dans les Examens

LANNION

IMPRIMERIE H. MAUGER, RUE DES AUGUSTINS.

INTRODUCTION

La publication de ce petit livre n'est pas née d'une spéculation, mais bien du désir de combler une lacune, d'aider au développement de l'instruction, d'intéresser les parents et les enfants au progrès des écoles, et de fournir aux élèves et aux maîtres des indications précieuses.

Le « Le Livre d'Or » est destiné à orner la bibliothèque de la famille, à rappeler les premiers efforts, les premiers succès de l'enfant, et à constituer à la longue une suite de documents très précieux, (espèce d'archives de famille) source de bons exemples et de puissants encouragements.

Il a sa place marquée dans nos classes, pour stimuler le zèle, fortifier le courage et créer une émulation salutaire.

Le « Livre d'Or » sera pour les écoles ce qu'est le drapeau pour le régiment, leur honneur, leurs gloires et leurs titres écrits en caractères ineffaçables .... !

Il fixera les candidats sur la nature et le niveau des épreuves qui leur sont imposées, et les mettra en garde contre une sécurité dangereuse ou un découragement non justifié.

Il sera le guide le plus éclairé des maîtres, le recueil spécial des sujets choisis et donnés aux examens par MM. les inspecteurs primaires.

Puisse-t-il rendre tous les services que j'en attends !

J. LE HÉNAFF.

LE
LIVRE D'OR

De l'Enseignement Primaire

CIRCONSCRIPTION DE S.-BRIEUC

CANTON DE St-BRIEUC (Nord)

Garçons

Dictée. — *La Première Croisade* : L'enthousiasme se propagea par toute l'Europe « qui dévoua volontairement sa tête et ses bras à une si grande entreprise. » Des gens de toutes sortes prirent la croix : prêtres, nobles, serfs, chevaliers et brigands, les plus vertueux comme les plus corrompus ; les uns pour se sanctifier, les autres pour faire pénitence, tous espérant gagner le ciel. Les barons, si avides d'aventures, si empressés à sortir de l'oisiveté de leurs châteaux, trouvaient là tout ce qu'ils désiraient : voyages, guerres, butin. Les ambitions, les querelles, les guerres privées, cessaient devant l'idée unique qui préoccupait tous les esprits.

Métiers, champs et châteaux étaient abandonnés ; terres et maisons étaient données à vil prix ; on devait en trouver à foison dans ces royaumes de lait et de miel qu'on allait conquérir. Les seigneurs vendaient aux églises et aux villes leurs biens et leurs droits féodaux pour acheter des armes et des vivres.

Calcul. — 1. On entoure un jardin de 50 m. de long sur 18 de large, d'un treillis en fer de 1 mèt. de hauteur, et pesant 2 kg 8 le mèt. carré. Combien coûtera cette clôture, si le treillis coûte 42 fr. le quintal ?

2. — On a ensemencé une prairie de luzerne qui coûte 140 fr. le quintal. Quelle est la superficie de cette prairie, sachant qu'il a fallu 30 kg. de graine par hectare et qu'on a dépensé 16 f. 75 ?

Rédaction. — Fer, fonte, acier. Extraction et usages.

ONT ÉTÉ REÇUS :

ECOLES DE :

Saint-Brieuc

Barbet, Alexis.
Bertrand, Paul.
Bonjour, Louis.
Bré, Jules.
Fourgard, Francis.
Gouedard, Julien.
Herlet, Jules.
Lefèvre, Pierre.
Lefils, Joseph.
Le Méo, François.
Lhôtelier, François.
Meur, Pierre.
Person, Pierre.
Philippe, Louis.
Renaud, Jean-B.
Rolland, Jules.
Le Guen, Yves.

Ecole Normale (annexe)

Le Guen, François.

Villages

Becmer, Pierre.
Gourlou, Joseph.

Bureau de Bienfaisance

Durand, Jérôme.
Moulin, Jean-Marie.

Cesson

Baussan, Ange.

Plérin

Colin, Jean-Marie.
Even, François.
Henry Eugène.
Gauthier, François.
Michel François.
Morvan, Louis.
Quemar, Jean-M.
Richeux, Jean-M.

ECOLES DE :

Ploufragan

Courtel, Frédéric.

—

Saint-Hervé

Desbois, Jean-B.

Pordic

Cotard, François.
Doméou, Y.
Forestier, Aldéric.
Kérion, François.
Le Mée, Pierre-M.

Filles

Dictée. — *La Prudence* : La prudence est la grande vertu du sage. Guidée par le bon sens et la raison, instruite par l'expérience et le bon exemple, développée par l'observation et par la science, elle est la lumière de la vie et la garantie du bonheur. Si tu veux acquérir cette précieuse vertu, mon enfant, écoute tes parents et tes maîtres ; sois docile à leurs enseignements et à leurs bons conseils. Ne crois pas que la vie soit un jeu de hasard. Sache bien qu'il te faudra, pour avoir place au soleil, autre chose que ce qu'on appelle la chance, mais le travail, la persévérance, l'ordre, la bonne conduite et par-dessus tout une raison éclairée, une volonté ferme et une conscience sans reproche. Retiens bien pour cela ce vieux proverbe de nos pères : « Aide-toi, le ciel t'aidera. »

Calcul. — 1. Une fermière a 65 poules qui ont pondu en moyenne 84 œufs par an. Elle vend les œufs 1 fr. 05 la douzaine et donne le treizième en plus. Quel produit retirera-t-elle de la vente des œufs, si la nourriture de ses poules lui coûte 0 fr. 85 par jour ?

2. Ecrire deux nombres de 4 chiffres qui soient divisibles par *trois* et dites pourquoi ils le sont.

Rédaction. — Vous avez passé quelques jours de vos vacances de Pâques chez votre grand'mère. On y a fait la lessive. Racontez les diverses opérations qu'on fait subir au linge pour le laver et indiquer l'effet du savon.

ONT ÉTÉ REÇUES :

ECOLES DE ·

Ecole communale de St-Brieuc

Barbier, Jenny.
Boudet, Alida.
Briolat, Thérèse.
Cordon, Julia.
Gébert, Anne.

Providence de St-Brieuc

Desréac, An.-Marie
Gilbert, Alexand.
Le Charpentier, L.
Le Savouroux, M.
Le Gall, Francine.
Lageat, Marie.
Lecoq, Maria.
Pringault, Marie.
Tardivel, Adélaïde.
Vauvert, Eugénie.

Ecole Normale annexe

Méheut, Anna.
Le Hégarat, Louise.
Le Gouaille, Marthe.
Dean, Angèle.
Sorgniard, Berthe.

Villages

Le Dû, Marie.
Lamer, Anna.
Colin, Marie.

Cesson

Briond, Françoise.

Elèves libres
Evenou, Louise.
Hélouvry, Jeanne.
Corouge, Mathilde.

Légué

Gicquel, Louise,
Le Mounier, Marie.
Pilon, Marguerite.
Le Turquais, Thér.

La Méaugon

Poulain, Angèle.

Plérin

Le Mée, Jeanne.
Malenfant, Joséph.
Vitel, Marie-Philo.
Le Nepvou, M.-F.
Le Borgne, Renée.

Ploufragan

Le Bihan, Berthe.

Pordic

Allain, Françoise.
Boisard, Jeanne.
Minier, Marguerite.
Sylvestre, Esther.

CANTON DE CHATELAUDREN

Garçons

Dictée. — *Le Pommier* : La culture du pommier a, dans certaines parties de la France, en Normandie et en Bretagne notamment, une véritable importance industrielle en vue de la production du cidre. Elle offre moins de difficultés et exige moins de soins que celle de la vigne.

Les pommiers se multiplient au moyen de semis et au moyen de la greffe. Les jeunes arbres obtenus de semis se mettent en place vers l'âge de sept ans. Un ou deux ans après on les greffera en bonnes variétés.

Après avoir défoncé la terre dans un large rayon et l'avoir garnie de fumier bien consommé, on plante les jeunes arbres peu profondément et on garnit la tige, soit avec des épines, soit avec des tiges de bois ou de fer, de manière qu'ils soient défendus contre les animaux.

Tous les ans, il est utile de labourer très superficiellement le sol au pied des arbres et de mettre du fumier bien éteint. Le marc de pommes est un excellent engrais, mais il faut l'additionner d'un peu de chaux, afin de détruire son acidité qui pourrait nuire aux arbres.

Calcul. — 1. Dans un champ de blé de 2 ha. 50 on a semé 44 décal. de blé. Le rendement a été de 580 gerbes, et 100 gerbes ont donné 7 hectol. 2 de blé. On demande le produit : 1° d'un hectare ; 2° d'un litre de blé.

2. Un ouvrier a dépensé 1380 fr. dans son année ; il lui reste le 1/4 de ce qu'il a gagné. Com-

bien gagne-t-il par an et combien travaille-t-il de jours, s'il est payé 5 fr. 80 par jour ?

Rédaction. — Si vous aviez besoin d'aller à Paris, quel est le moyen de transport que vous emploieriez ? Donnez les motifs de votre choix et dites tout ce que vous savez sur la manière de voyager que vous préférez.

ONT ÉTÉ REÇUS :

ECOLES DE :

Châtelaudren

Le Belleguy, Tous.

—

Boqueho

Hillion, Victor.
Guilloux. Théoph.
Oger. Victor.
Le Méhauté, Pierre.
Péro, Yves,

—

Plélo

Collin, Alphonse.
Corbel, Célestin.
Corbel, Jean-Thom.

Hillion, Mathurin..
Poulain, Louis.

—

Plouvara

Guilloux, Jean-F.
Morvan, François.

—

Trégomeur

Lécuyer, Jean-Bapt.
Lécuyer, François.
Piriou. François.
Solleu, Jean-Bapt.

—

Tréméloir

Josse, Pierre.

Filles

Dictée. — *L'Aumône* : Quand tu rencontres un malheureux sur ton chemin, n'hésite pas à lui faire l'aumône. Il vaut mieux risquer son argent en le donnant à plusieurs faux pauvres, que de laisser un seul indigent dans la misère.

Cette pauvre femme, ta voisine, est clouée sur son lit par la souffrance et par la maladie, ses enfants sont encore jeunes, le père est à son atelier et ne gagne pas de quoi subvenir aux siens

N'abandonne pas cette famille éprouvée par le malheur. Tu peux lui venir en aide par ta bourse, en prêtant au père de quoi payer le médecin et le pharmacien. En hiver, n'oublie pas que les enfants grelottent dans une chambre sans feu, porte-leur des vêtements, c'est ainsi qu'on fait l'aumône.

Calcul. — 1. Une couturière doit border un tapis de 3 m. 50 de long sur 2 m. 05 de large. Combien gagnera-t-elle si elle met en moyenne 10 minutes pour faire 0 m. 15 de bordure, et si elle est payée à raison de 0 fr. 30 l'heure ?

2. Lorsque le 1/2 Décagr. d'huile coûte 0 fr. 015, combien paiera-t-on pour 5 litres, sachant que le litre pèse 0 Kg 920 ?

Rédaction. — Dites comment l'air pur et l'eau propre peuvent contribuer à l'entretien général de la santé

Ont été reçues :

ECOLES DE :

Ecole communale de Châtelaudren

Touzé, Marie.
Thomas, Joséphine.
Kervisic, Marie.
Collet, Victorine.

Boqueho

Domalain, Marie.

Saint-Nicolas

Mordelet, Marie.

Saint-Quay

Uro, Marie-Adèle.

Plerneuf

Ollivier, An.-Marie.
Cosson, Marie-F.

Plouvara

Turban, Désirée.
Morin, Marie-Jean.

Trégomeur

Le Perdu, Jeanne.

Tréméloir

Guégan, Amélie.
Guégan, An.-Marie.
Morvan, Azéline.
Laloyer, Françoise.

CANTON D'ÉTABLES

Garçons

Dictée. — *Le bon Écolier* : Le bon écolier est très exact et très assidu à ses leçons. D'une tenue irréprochable, il se présente en classe l'air modeste, les cheveux bien peignés, le visage lavé, les mains blanches, les habits propres et non déchirés. Ses livres et ses cahiers ne sont jamais salis ni abimés. Quand il entre à l'école, il salue poliment son maître, va s'asseoir tranquillement à sa place, range son sac, dépose avec ordre les objets à son usage, puis croise les bras sur la table en attendant la leçon. Attentif aux explications qu'on lui donne, il est toujours prêt à se mettre au travail et ne bavarde jamais avec ses voisins. S'il lui reste des instants de loisir, il les emploie à l'étude. Il met son plaisir à contenter son instituteur par son application, sa docilité et ses bonnes manières. En sortant de classe, il se rend directement à la maison comme un enfant bien élevé, sans crier ni faire de tapage dans les rues.

Calcul. — 1. Un fermier ensemence de froment une terre d'une contenance de 3 ha 0312.

On sait qu'un litre de froment contient en moyenne 16000 grains, qu'un plant occupe une surface de 52 cmq et que l'hectolitre de blé vaut 17 fr 60. Combien lui faudra-t-il d'hectol. de blé si le 1/3 ne lève pas et quelle sera sa dépense ?

2. On veut former un double stère de bois avec des bûches de 1 m. 14 de longueur ; quelle sera la hauteur du tas, si on place les bûches entre des pieux éloignés de 1 m. 75 ?

Rédaction. — La fonte, le fer et l'acier. Dites ce que vous savez sur leur extraction, leur fabrication et leurs principaux usages.

ONT ÉTÉ REÇUS :

ECOLES DE :

Ecole communale d'Etables

Mordelet, Pierre.
Pérou, Jean.
Bouquin, Yves.
Fichou, Ange.

Ecole communale de Binic

Héry, François.

Lantic

Coz, François.
Guégan, François.

Trévenais

Farin, Yves-Marie.

Richomme, J.-M.

Plourhan

Marquer, Joseph.

Saint-Quay-Portrieux

Lalès, François.
Le Blay Pierre.
Pédron, Louis.

Tréveneuc

Legal, Ange.
Podaire, Laurent.
Houard, Joseph.

Filles

Dictée. — *Beautés de la Nature :* Mes enfants, heureux ceux qui vivent aux champs. Dieu a disposé pour leur joie une fête plus belle que toutes les peintures ; apprenez à la regarder avec amour et reconnaissance ; apprenez à aimer la bauté sévère et triste de l'hiver, la joyeuse jeunesse du printemps, l'éclat de l'été, la mélancolie souriante de l'automne, la mystérieuse et religieuse paix d'une nuit sereine, l'adorable pureté de l'aurore, la splendeur royale du soleil couchant ; apprenez à voir avec des yeux d'artistes ces mille tableaux que la nature vous offre tous les jours : une barque qui glisse au fil de l'eau ; une clairière où la lumière dort sur la mousse au pied des chênes ; une humble chaumière dont le filet de fumée monte droit dans l'air immobile du soir. Ne passez pas comme des aveugles à travers un monde qui est inépuisablement riche de grâce et de grandeur.

Calcul. — 1 Pour faire une robe, on achète 5 m. 50 d'étoffe qui ont coûté 23 fr. 05. Il manque 1 m. 75 que l'on paye 0 fr. 30 par mètre de plus que la 1re fois. Les fournitures et la façon coûtent 6 fr. 05. A combien revient la robe ?

2. Une domestique gagne 15 fr. par mois ; elle en dépense les 2/5 pour son entretien et en envoie 1/4 à ses parents. Quelle somme lui reste-t-il à la fin de l'année ?

Rédaction. — Que vous rappellent les noms des villes suivantes : Orléans, Reims, Rouen ? — Dites ce que vous savez de la situation et de l'industrie de ces trois villes.

Ont été reçues :

ECOLES DE :

Etables

Guézou, Anne.
Ollivier, Hélène.
Rebours, Virginie,

—

Binic

Banère, Elisa.
Le Fèvre, Rose.
Le Provost, Marie.

—

Lantic

Lauzac, Marie-Rose.
Héry, Anne.

Trévenais

Moro, Anne.

—

Plourhan

Batard, Louise.
Houard, Azéline.
Le Barbu, Louise.
Le Blanc, Anne.
Quintin, Mar.-Ang.
Rebours, Virginie.

—

Ecole comm. de St-Quay-Portr.

Letertre, Louise.

ECOLES DE :

Allain, Angèle.
Denis, Eugénie.

Kertugal
Josse, Clémentine.

Perrier, Léontine.

—

Tréveneuc
Philippe, An.-Mar.
Cornou, Amélie.

~~~~~~~~~~~~~~~~~~

CANTON DE LANVOLLON

Garçons

Dictée. — *Nécessité des engrais* : Dans la nature sauvage, lorsqu'une plante a poussé et qu'elle a absorbé toutes les matières du sol où elle est née, elle meurt et tombe en pourriture sur place. Elle rend donc à la terre ce qu'elle lui a pris ; elle lui rend même plus, car dans ses débris se trouve tout ce qu'elle a puisé dans l'air par ses feuilles, en carbone et azote. Pour les plantes cultivées, cela se passe tout autrement. Lorsque, par exemple, nous coupons notre blé, que nous le mettons en gerbes et le transportons au loin, nous ne rendons pas au sol ce que la plante lui a pris. Après la récolte, la terre a perdu toutes les matières que le blé lui a empruntées pour croître et grossir. Nous devons donc les lui rendre, sinon il arrivera un moment où la terre n'ayant plus rien à donner deviendra stérile. Mettre des engrais sur une terre, la fumer, ce n'est donc que lui faire une restitution nécessaire. C'est là le fond de toute la science agricole.

Calcul. — 1. Trois enfants héritent de leur père d'un champ de 4 ha 0518. Ce champ comprend 2 ha 7581 de pré à 29 fr. l'are et le reste une vigne évaluée à 3,500 fr. l'hectare. Comme l'aîné prend le pré et le cadet la vigne, que redoivent-ils chacun en argent au plus jeune pour que les parts soient égales ?

2. On trace autour d'un jardin de 50 m. de long sur 23 m. de large une allée qui a 1 m. de largeur. Quelle étendue reste-t-il à cultiver ?

Rédaction. — Les parents de Louis ne l'ont pas envoyé à l'école. Il ne sait rien. Parlez de l'humiliation et du chagrin qu'il éprouvera en face de ses camarades instruits.

ONT ÉTÉ REÇUS :

ECOLES DE :

École communale de Lanvollon

Bataille, Pierre.
Le Gendre, Jean.
Riehl, Auguste.

—

École privée de Lanvollon

Castraing, François
Chalonny, Edouard
Le Coler, Joseph.
Maupomé Francisq.
Tréhiou, Hippolyte.

—

Gommenec'h

Le Bars, Emile.
Le Bars, François.

—

Lannebert

Allanet, Edouard.

—

Le Merzer

Ollivier, Jean-M.
Allanet, Louis.

Pléguien

Ropers, Joseph.

—

Pommerit-le-Vicomte

Mercier, Jean-F.
Ellien, Franço's.

—

Tréguidel

Cotard, Augustin.
Le Solieu, François

—

Tressigneaux

Laurent, Edouard.
Le Roy, Jean.

—

Trévérec

Guégan, Yves.

—

Tréméven

Guillaume, Jacques
Le Gratiet, Yves.
Le Gratiet, Emile.

Filles

Dictée. — *Douceur de la vie en France* : Ta patrie, mon enfant, est une patrie bonne et heureuse. La vie y est facile et douce. Pour aucun pays la nature n'a été plus prodigue de bienfaits. Te souviens-tu des adieux de Marie Stuart, qui avait été un moment reine de France, il y a trois cents ans ? A l'heure où elle s'embarquait pour aller régner sur l'Ecosse, ses yeux ne pouvaient quitter sans larmes cette terre fortunée. Tandis que le bateau l'emportait, elle adressait un touchant adieu au doux pays de France Que ne peux-tu, mon enfant, l'avoir visité tout entier, pour savoir comment il est beau. En effet, la lumière y est belle, la végétation magnifique. Quand on a un peu couru le monde et qu'on revient en France, on s'étonne d'avoir été chercher si loin des beautés qui ne valent pas celles qu'on avait sous la main. Oui, notre pays est un doux pays ; c'est pour cela que tant de gens qui n'y sont pas nés s'y trouvent bien. Ils viennent lui demander l'hospitalité, et une fois qu'ils l'ont connu ne peuvent vivre ailleurs.

Calcul. — 1. On achète pour 1000 fr. de café et de sucre. Le café vaut 5 fr. 60 le Kg et le sucre 1 fr. 10 On a acheté 4 fois plus de sucre que de café ? Combien a-t-on acheté de l'une et de l'autre de ces denrées ?

2. Quelle somme posséderait-on si l'on avait une pièce de chaque sorte des monnaies françaises ?

Rédaction. — Marie et Julie sont deux sœurs ; l'une est avare, l'autre dépense tout son avoir en plaisirs et en toilette. Faites leur portrait et démontrez qu'elles font mal toutes les deux.

ONT ÉTÉ REÇUES :

ECOLES DE :

Lanvollon

Fresnel, Cécile.
Guillermo, Eulalie.
Guillou, Anaïs.
Morvan, Marie.
Plusquellec, Marie.
Le Roy, Marie.
Tanguy, Louise.
Tanguy, Jeanne.

Le Faouët
Mahé, Françoise.

Le Merzer

Montfort, Philom.
Michel, Rosalie.

Pommerit-le-Vicomte

Pièrrès, Célestine.
Jégou, Alexandrine
Bellégou, Cather.
Mével, Marie-Reine

Tréguidel
Tricot, Marie.
Nicolas, Eugénie.

Tréméven

Le Calvez, Rosa.
Le Dû, Jeanne.
Guégan, Radégoude

Trévérec
Lannic, Jeanne.

CANTON DE PAIMPOL

Garçons

Dictée. — *Devoirs du père de Famille* : Il y a un certain nombre de gens qui sont persuadés qu'on attente à la liberté du père de famille quand on le contraint à faire apprendre à lire à ses enfants. Les mêmes gens le contraignent sans remords à les loger, à les nourrir, à les vêtir ; aucune de ces prescriptions n'est, suivant eux, attentatoire à la liberté ; mais, pour l'instruction, c'est différent. A les entendre, le père de famille doit être absolument libre : si cela lui convient, il instruira son fils, et, si cela ne lui convient pas, il le laissera croupir dans l'ignorance. Un père qui maltraite son fils, qui compromet sa santé, est un criminel et un scélérat ; on le traîne devant les tribunaux. S'il se borne à l'empêcher d'étudier, s'il ne maltraite que son esprit, il est dans son droit ; il use de la liberté du père de famille. Nous ne pensons pas que ce père ferait moins de mal à son fils s'il lui cassait un bras ou une jambe, et c'est aussi la pensée de toute l'Europe.

Calcul. — 1. Un moissonneur pourrait faire la moisson d'un champ en 11 jours, un autre en 8 jours, un 3e en 9 jours. S'il travaillent ensemble, en combien de jours la moisson pourra-t-elle être faite ?

2. Quelle quantité de cuivre faut-il allier à 650 grammes d'argent pur pour en faire de l'argent monnayé au titre de 0,835 ?

Rédaction. — Dites ce que vous savez de Hoche, de Marceau et de Kléber.

ONT ÉTÉ REÇUS :

ECOLES DE :

Ecole communale de Paimpol

Le Goaster, Paul.
Colin, Louis.
Toquer, Francis.
Discord, Auguste.
Henry, Abel.
Rivoallan, François
Le Goaster, Raym.
Boubennec, Emile.
Gallou, Thimothée.

Kerfot

Poézel, Jean-Marie.

—

Kérity

Le Guen, Edouard.
Jafréo, Albert.
Coniat, Joseph.
Guillou, Joseph.
Menguy, Louis.

ECOLES DE :

Ploubazlanec

Lejeune, Léon,
Josse, Yves.
Henry, Yves
Cadic, Benjamin.
Calvez, Joseph.
Martin, Alfred.

Plouézec

Richard, Joseph.
Cabella, Jean-F.
Bonniec, François.
Plusquellec, J.-G.
Bitter, Pierre.
Hégarat, Yves.
Maros, Jean-Bapt.
Mahé, Emmanuel.
Hamon, Francis.

Le Questel

Tanguy, Yves-Mar.
Le Saux, Allain.
Calvez, Joseph.

Plounez

Le Coat, Irénée.
Kervizic, Yves-M.
Le Page, Joseph.
Perrot, Emmanuel.

Quémeul, Joseph.
Le Roux, Gabriel.

Plourivo

Chauvin, François.
Couan, Louis.
Durand, Jean-M.
Hamon, Louis.
Jégou, Yves.
Laurent, Jean.
Le Hénaff, Jean-M.
Mignot, Jean-Marie
Le Morer, Honoré.
Richard, Yves.

Penc'hoat

Urvoas, Théophile.

Yvias

Le Normand, F,
Broudic, Yves.

Bréhat

Bocher, Yves.
Chevanton, Pierre.
Henry, Pierre-M.
Mortellec, Alph.
Le Grand, Louis.

Filles

Dictée. — *Après l'Ecole* : Jeanne a treize ans, elle a obtenu le certificat d'études et vient de quitter l'école. De ce jour Jeanne n'est plus une enfant : c'est une jeune fille. Jusque-là sa mère n'osait l'employer aux travaux du ménage, craignant de la détourner de ses études ou de la fatiguer dans sa croissance. Maintenant, c'est tout différent ; plusieurs petits frères et petites sœurs sont venus accroître la famille, la mère ne peut plus

suffire au travail de la maison ; c'est à Jeanne
de l'aider, et, autant que possible de la remplacer.

Ils sont bien fatigants les petits frères, avec
le tapage sans lequel ils ne peuvent vivre. Elles
sont bien ennuyeuses les petites sœurs, toujours
prêtes à se quereller. Mais elle aussi a été ennuyeuse ; elle a donné bien du mal à sa mère
autrefois. Les enfants sont débarbouillés, et,
pendant qu'ils s'amusent, elle nettoie la maison.

Elle s'assied ensuite et raccommode les vêtements. Telle sera désormais la vie de Jeanne devenue grande et instruite.

Calcul. — 1. Dans une veillée de 4 heures,
une lampe a brûlé 0 kg. 185 d'huile ordinaire,
valant 1 fr. 25 le kg. Dans le même temps on
obtiendrait autant de clarté en brûlant 0 l. 147
de pétrole à 0 fr. 55 le litre. Calculez le prix de
chaque éclairage à l'heure et l'économie résultant de l'usage du pétrole au bout de 3 mois.

2. Une jeune fille possède 34 fr. 50 dans sa
bourse. Le 1/3 est en monnaie de bronze. Le
reste se compose d'une pièce de 10 fr. en or et
de monnaie d'argent. Quel est le poids de cette
somme ?

Rédaction. — Description d'une ferme.
Manière de faire le beurre.

ONT ÉTÉ REÇUES :
ECOLES DE :

Ecole Communale de Paimpol	Providence de Ruillé
Gaudé, Eugénie.	Gautier, Adèle.
Le Bras, Reine.	Guyomard, Fanny.
Orophane, Louise.	Martin, Françoise.
Foison, Louise.	Mével, Marie.
Josselin, Reine.	Meizan, Anna.

ECOLES DE :

Laboureur, Madel.
Le Guern, Louise.
Le Goaster, Anna.
Pouhaër, Louise.
Le Rochais, Jeanne.

—

Providence de Créhen

Barré, Madeleine.
Bojeard, Aristide.
Delarbre, Eugénie.
Legrand, Jeanne.
Hervé, Sophie.
Lenormand, M.-J.
Richard, Renée.
Philippe, Marguer.

—

Bréhat

Maurice, Jenny.
Le Goff, Victoria.
Bocher, Maria.
Séveno, Marie.

—

Kérity

Le Corre, Anaïs.
Le Rolland, M.-A.

—

Ploubazlanec

Michel, Augustine.
Vidament, Franç.
Martin, Louise
Solleuz, Sidonie.

Ecole communale de Plouézec

Le Meur, Anne-Y.
Deschamps, M.-A.

—

Ecole privée de Plouézec

Collin, Marie-Y.
Hégaret, M.-Josép.
Morvan, Françoise.
Galvez, Marguerite.
Michel, Jeanne.
Coller, Jeanne.
Vitel, Anaïs.

—

Plounez

Guillou, Jeanne.
Le Calvez, Mar.-A.
Henry, Louise.
Richard, Marie-L.
Mallet, Joséphine.
Guillou, Françoise.

—

Yvias

Daouloudet, Marg.
Trovel, Camille.

—

Plourivo

Gonidec, Marguer.
Le Grand, Rose.
Jégou, Joséphine.

Elève libre

Floury, Mélanie.

CANTON DE PLOUHA

Dictée. — *Le Laboureur et le Chardonneret* : Un laboureur attentif et vigilant, voyant sa récolte endommagée par des légions de moineaux, résolut d'en finir avec cette maudite engeance. Il tendit des réseaux où la plupart d'entre eux vinrent se faire prendre. Parmi les oiseaux captifs se trouvait un chardonneret. « De grâce, disait-il au laboureur, rends-moi la liberté. Je ne t'ai jamais fait aucun tort. Au contraire, je t'ai plus d'une fois rendu service en dévorant les insectes qui détruisaient ta semence. Et puis, as-tu oublié que souvent mon joyeux chant t'a charmé au milieu de tes rudes travaux ? Tout cela est bel et bon, répondit le laboureur ; mais aujourd'hui je te trouve en mauvaise compagnie : tu as été pris avec des voleurs, tu vas mourir avec eux. »

Qui hante les méchants est traité comme les méchants.

Calcul. — 1. Un ouvrier économise en un an sur son salaire 265 fr. 75. Sa dépense est en moyenne de 2 fr. 05 par jour. Calculer son salaire par jour de travail s'il se repose 60 jours par an ?

2. Lorsque le 1/2 Kg de viande coûte 1 fr. 30, combien en a-t-on pour 0 fr. 75 et quel est le prix d'un morceau qui pèse 7 hectog. 35 ?

Rédaction. — Faites la description de votre corps : indiquez-en les différentes parties, ainsi que les principaux organes, et vous direz à quoi ils servent.

Garçons

Ont été reçus :

ÉCOLES DE :

Plouha
Blouin, Louis-Phil..
Boclé, Pierre-Mar.

Ropers, Pierre.
Rivoallan, J.-M.
Josse, Pierre-Marie.

ÉCOLES DE :

Ollivier, Yves.
Parco, Pierre.
Rolland, Arthème.
Hamon, Yves.
Etienne. Felix.
Lariven, Joseph.
Quintric, P.-M.
Le Boetté, P.-M.
Ollivier, François.
Pouliguen, Eugène

—

Lanloup

Etienne, Eugène.

Pléhédel

Le Lévrier, J.-M.
Le Tarin, Jean-L.
Durand, Urbain.

—

Pludual

Geffroy, Guillaume
Hélary, Yves.
Gauffenic, Jacques.

Filles

ONT ÉTÉ REÇUES :

ECOLES DE :

Plouha

Boclé, Marie.
Carnec, Jeanne-M.
Le Bozec, M.-L.
Mahé, Marie-Anne.
Morvan. Marie-J.
Ropers, Claire.

—

Kermaria

Le Coquille, Elisa.
Donval, Marie-L.

Lanloup

Le Razavel, Marie.
Rivoallan, Marie-A.
Tanguy, Anne-M.
Brocher. Marie-A.
Guillou, Joséphine.
Péron, Anne-Marie.

—

Pléhédel

Allainguillaume, C.
Lévrier, Anna.

CANTON DE QUINTIN

Dictée. — *Tenue de la Maison* : Il dépendra de vous, fillettes et garçons des champs, de faire de votre maison, de votre demeure, un logis plaisant à voir du dehors et plaisant à habiter. De la propreté et du bon ordre, premiers degrés du beau, je ne vous dis rien ; il va de soi, que l'art ne saurait vivre là où manquent l'un et l'autre. Mais ce n'est pas tout d'être propres et rangés. Encore est-il mieux de disposer toutes choses autour de soi avec un peu d'habileté. Quelques belles fleurs au jardin ne sauraient nuire aux choux ni aux carottes. Un rosier qui grimpe au mur et le tapisse donne à la plus modeste demeure un air riant. Dans l'intérieur, de vieux meubles soigneusement entretenus et cirés ; quelques belles vieilles assiettes sur les galeries du dressoir ; dans un coin, sur une étagère, un vase où trempent quelques fleurs, c'est assez pour que l'on s'établisse à votre foyer et devienne votre hôte habituel.

Calcul. — 1. Un ouvrier a gagné 54 fr. en travaillant un certain nombre de jours ; s'il avait travaillé 6 jours de plus, il aurait gagné 94 fr. 50. Combien avait-il travaillé de jours et combien gagne-t-il par jour ?

2. On pèse une cruche vide, on trouve 152 Décagr. ; on l'emplit de vin, elle pèse alors 89 hectogr. 55. Combien contient-elle de décilitres, si le litre de ce vin pèse 0 kgr. 99 ?

Rédaction. — L'eau : sa composition, son utilité pour les animaux et les végétaux. Montrer son rôle dans l'alimentation des plantes

Garçons

Ont été reçus :

ECOLES DE :

Ecole commun. **de Quintin**	Limon, Isidore.
	Monjarret, Thomas.
Dutertre, Victor.	Paillardon, J.-P.
Lechvien, François.	Gautier, Hippolyte.

ECOLES DE :

Ecole privée de Quintin
Poisson, François.
Tanguy, Joseph.

St-Brandan
Thomas, Pierre.
Boschat, Pierre.
Laigle, Pierre.

Filles

Ecole du Fœil
Mesléard, J.-M.

~~~~~~~~~~~~~~~~~~~~~~~~~~~~~~~~~~~~

CIRCONSCRIPTION DE LAMBALLE

CANTON DE St-BRIEUC (Midi)

Dictée. — *Mœurs des Espagnols* : En Espagne le climat est si chaud, le ciel si clément que les populations sont mal disposées au travail et se contentent de peu de chose pour vivre. Elles ne sentent pas le besoin de ce que nous appelons le bien-être, non plus que celui de l'instruction. Il en résulte que ce fécond et magnifique pays, plein de richesses naturelles, ne produit pas tous les avantages que plus d'instruction chez le peuple et l'amour du travail en retireraient certainement pour le bien général. Pourtant les Espagnols sont courageux, fiers, ardents ; mais ces qualités précieuses sont tournés vers les plaisirs futiles, familiers aux peuples barbares. Les Espagnols aiment à la fureur les ignobles combats de taureaux, où le sang coule à flots, où des hommes et des chevaux sont tués par le taureau qui périt à son tour. Là règnent les plus désolantes superstitions, et le christianisme y est travesti en pratiques ridicules.

Calcul. — 1. Un marchand veut avoir une certaine quantité de douzaines d'œufs, de telle façon que s'il en vend les 3/4 à 0 fr. 65 la douzaine, il reçoive 31 fr. 20. Quel doit être ce nombre de douzaines ?

2. Un fermier possède 650 fagots ayant 1 mètre 50 de longueur, 0 m. 40 d'épaisseur et 0 m. 60 de largeur. Il veut construire un hangar pour les renfermer, ayant 18 m. de longueur et 3 mètres 60 de profondeur. Quelle hauteur devra-t-il donner à ce hangar ?

Rédaction. — Le fer, ses principales propriétés, ses usages Indiquez en quelques mots comment on le prépare. Qu'est-ce que la fonte, la tôle, le fer blanc, l'acier ? A quoi servent-ils ?

Garçons

Ont été reçus :

ECOLES LE :

Hillion
Cléret, Adrien.
Mabé, Jean.

St-Réné
Hème, Paul.
Azer, Pierre.
Benoît, François.

Langueux
Lucas, Jean.
Fromentin, Franç.
Jaffray, Jean.

Plédran
Corlay, Jean.

Boinet, Jean-Louis.
Boinet, Louis.
Pansard, Mathurin.
Corlay, Jacques.
Hinault, François.
Rouxel, Yves.

St-Donan
Gélin, Joseph.
Le Cardinal. F,
Vincent, Jean.
Le Roux, François.
Bertrand, Esprit.

Trégueux
Le Men, Gustave.
Chapin, Louis.

ÉCOLES DE :

Bougeand, Pierre.
Mahé, François.
Hellio, Jules.

—

St-Julien
Bocon, Jean.
Le Coq, François,

—

Yffiniac
Jaffrain, Pierre.

Martin, Edmond.
Hamon, Mathurin.
Lesage. Jean.
Laporte, Jean.
Le Corguillé, P,
Allanet, Jean.
Delarue, Jules.
Colombier, F.
Denis, François.
Domalain, Mat.

Filles

ONT ÉTÉ REÇUES :

ÉCOLES DE :

Hillion
Cléret, Jeanne.
Laplanche, Jenny.

—

St-René
Corlay, Jeanne.

—

Langueux
Ernault, Auguste.
Monclerc, Jeanne.
Fouré. Angèle.
Tanguy, Austine.
Macé, Jeanne.

—

Grèves
Lamarre, Rosalie.

—

Plédran
Darul, Marie.
Touzé, Anne,
Lorent, Anne.
Arion, Françoise.
Ballouard, Jeanne.
Fontaine. Eug.

St-Donan
Boisard, Marie.

—

Trégueux
Laffargue, Jeanne.
Jaffrelot, Jeanne.
Hervé, Louise.
Marc, Marie.

—

Créhac
Lescop, Jeanne.

—

St-Julien
Hocher, Alex.
Hellio, Jeanne.

—

Yffiniac
Rabeur, Augustine.
Collet, Louise.
Méheut, Angèle.
Lemée, Elisa.
Lecorguillé, A.

CANTON DE LAMBALLE

Dictée. — On avait imaginé aux Pays-Bas, dès le début du quinzième siècle, pour produire en plus grand nombre des images de saints et des livres de piété, de graver sur une planche de bois un dessin ou une page d'écriture. Il suffisait de passer de l'encre sur cette planche et d'appliquer ensuite une feuille de papier ; ainsi fut imprimée la Bible des pauvres. Mais pour chaque page d'écriture nouvelle il fallait graver une nouvelle planche (c'est ce que nous faisons encore pour la lithographie). On essaya de faire des lettres séparées qu'on pouvait assembler ensuite à volonté. On trouva que les lettres de bois ne valaient rien, et on essaya des lettres de métal. Gutenberg finit par découvrir le mélange de plomb et d'antimoine qui servit désormais à fondre les caractères d'imprimerie. Le premier livre imprimé fut la bible de 1455. Elle se répandit très vite, surtout en Allemagne et en Italie.

Calcul. — 1. Un boucher a acheté 1200 kg. de mouton et de bœuf ; il y a 2 fois plus de bœuf que de mouton ; il veut en retirer 2,800 fr. Le prix du bœuf ne vaut que les 2/3 de celui du mouton. Combien devra-t-il vendre le kg de chaque espèce de viande ?

2. Une propriété de 27 ha 45 a été payée 205,875 fr. A combien reviennent 528 mètres carrés ?

Rédaction. — Devez-vous aimer votre père et votre mère de la même manière que vos frères et vos sœurs ? Avez-vous des devoirs à remplir vis-à-vis de chacun d'eux et lesquels ?

Garçons

Ont été reçus :

ECOLES DE :

Ecole commun. de Lamballe

Blanchet, Charles.
Ourvois Francisq.
Doyen, Henri. *Dess.*
Lissillour, Jean.
Briand, Pierre.
Bichemin, L. *Dessin*
Penglaou, Pierre.D.
Bonjour, Françis.
Méheut, Jean.
Le Bihan, F.

Ecole privée de Lamballe

Toublanc, Joseph.
Rault, J.-B.
Ruellan, Théoph.
Aubry Auguste.
Méheut, Joseph.
Prébernaud, Alex.
Cantin, Joseph.
Gouret, Louis.
Hallé Louis.
Tardivel, Henri.
Le Lièvre, Marcel.
Gaborel, Eugène.
Philippe, Yves.
Marivin, Pierre.

Landéhen

Erhel, François.
Cherdo. Jean.
Clément, Math.

La Poterie

Heurtault, Jean.
Gouessant, Joseph.

Ecole commun. de Maroué

Lesné. Pierre.
Giquel, Amateur.

Talbourdet, Victor.

Ecole privée de Maroué

Chopin. M.-Ange.
Le Pape, Alexis.
Rault, Jules.
Guinand, Pierre.
Hercouët. Joseph.
Josse. Jean.

Meslin

Vivier, Marie-Ange.

Vaumeret

Lefèvre, Toussaint.

St-Aaron

Crolais, Joseph.
Cardin, Joseph.

Trégomar

Méheut. Jean.
Gicquel, Jean.

Audel

Méheut, Joseph.
Dufrant, Louis.
Cornillet.

Coëtmieux

Lesage, Pierre.

La Malhouré

Martin, Jean.

Morieux

Lecorguillier, Alb.
Talibart. M.-Ange.
Legrand, Adrien.

ECOLES DE :

Andrieux, Amat.
Souplet, Joseph.
Marivin, Arsène.

—

Noyal

Marochin, P.

Quintenic

Favrel, Jean.

—

St-Rieul

Raffray, Charles.
Lefeuvre, Joseph.

Filles

ONT ÉTÉ REÇUES :

ECOLES DE :

**Ecole commun.
de Lamballe**

Cornillet, Julia.
Sangan, Marie.
Hamon, Léonie.
Vieuxloup, Ernest.
Hingant, Angél.
Andrieux, Angél.
Pansard, Marie.
Loncle, Marie.

—

**Ecole des Ursul.
de Lamballe**

Eveillard, Jeanne.
Allain, Marie.
Hélouvri, Emilie.
Poilvert, Félicie.
Rault, Azélie.
Rebuffel, Marie.
Rouillé, Rosalie.
Hinaut, Louise.

—

St-Vincent

Guernion, Aug.
Hercouët, Angèle.
Legrand, Marie.
Jehan, Marie.

—

Landéhen

Talibard, Marthe.

Poilvet, Marie.
Hermange, Jos.
Chapelain, Lucie.

—

La Poterie

Ruellan, Eugénie.
Hamon, Mathilde.

—

Maroué

Burel, Marie.
Fraboulet, Adr.
Cabarel, Rosalie.
Pitou, Marie.
Guinard, Marie.
Gouessant, Adèle.

—

Pommeret

Even, Marie.
Botrel, Marie.

—

St-Aaron

Guihot, Adélaïde.
Briend, Augustine.

—

Trégomar

Cadieux, Jos.
Boudeau, Marie.
Lelévrier, Félicie.

ECOLES DE :

Audel

Hingant. Marie.
Legagneur, Marie.

La Malhoure

Mordel, Mathurine.
Corbel, Adèle.
Loncle, Victoire.

Morieux

Rabet, Marie.
Le Marchand. M.
Volsalmon, Anne.

Gauthier, Marie.
Jasson, Adèle.

St-Rieul

Tourblaux, Marie.
Baron, Marie.
Rouxel, Marie.

Trégenestre

Bédor, Marie.
Chapelain, Franç.
Denis, Jeanne.
Rio, Jeanne.

CANTON DE BROONS

Dictée. — *Kléber* : Parmi tant de vaillants enfants que l'Alsace a donnés à la France, Kléber fut l'un des plus vaillants et des plus nobles. D'une taille élevée, le regard étincelant, le corps robuste, Kléber fascinait le soldat dans la bataille. Bonaparte, qui l'aimait peu, le sachant républicain ardent, disait : « Personne n'est beau comme Kléber un jour de combat. » Il se distingua toujours en effet pour son extrême bravoure. Le plus timide devenait brave à le regarder. Il savait inspirer les dévouements et les sacrifices les plus sublimes ; à la bataille de Torfou, il est attaqué avec deux mille cinq cents hommes par vingt-cinq mille Vendéens : il bat en retraite, passe un pont, et poste à la tête de ce pont le capitaine Alsacien Swerdcin, (1) en lui disant : « Tu te feras tuer ici pour arrêter l'ennemi. »

(1) Ce mot sera épelé.

Le capitaine obéit à la lettre : il périt avec tous ses hommes jusqu'au dernier, et l'armée fut sauvée.

Calcul. — 1. Une personne possède une propriété de 39 ha 47 valant 374,965 fr Elle fait cadeau à sa commune pour établir un chemin qui passera près de sa propriété, d'une bande de terrain de 5436 mèt. car. Après cette cession, à combien lui revient le mètre carré de ce qui lui reste ?

2. Un marchand, en vendant 600 fr. de marchandises, voudrait gagner 1/3 de son déboursé ? Quel devrait-être ce déboursé ?

Rédaction. — Un de vos amis qui habite une commune rurale, veut écrire à son oncle qui habite Bordeaux. Il ne sait pas comment s'y prendre, et il vous demande de lui donner dans une lettre tous les renseignements dont il a besoin. Il désire aussi que vous lui fassiez connaitre ceux qui auront sa lettre dans les mains, ce qu'ils en feront et comment elle parviendra à destination.

Garçons

ONT ÉTÉ REÇUS :

ECOLES DE :

Broons
Barbé, Nathurin.
Rochefort, Pierre.
Arcelin, Eugène.

—

Lanrelas
Briand, Mathurin.
Hervé, Léon.

Colombel, F.
Gerbert, Pierre.
Rialland, Léon.
Pignon, M-Ange.

—

Mégrit
Silard, François.
Craner, Aristide.

ÉCOLES DE :

Sévignac

Lécuyer, Léon.
Le Collinet, Hon.
Audrain, Pierre.
Lahier, Grégoire.

—

Trédias

Renouvel, Vict.
Grignon, Prosper.
Devrand, Y.-M.
Renouvel, Fr.

Crespel, François.

—

Trémeur

Garnier, Jean.

—

Yvignac

Reslou, Prosper.
Nogret, Charles.
Piedvache, Pierre.
Nogues, Jean-M.
Mesnage, Victor.

Filles

ONT ÉTÉ REÇUES :

ÉCOLES DE :

Broons

Eclin, Marie.
Morin, Léontine.
Noury, Marie.
Salleyette, Eugénie
Duval, ա.-Rose.
Labbé, Louise.
Jeuneur, Angéliq.

—

Eréac

Bouvier, Eléonore.
Bouchet, Léonie.
Macé, Marie.
Bédel, Joséphine.
Perquis, Eulalie.
Mauny, Appolline.
Bonjour, Rosalie.
Fleury, Marie.
Gervais, Victorine.

—

Lanrelas

Allaire, Armande.
Lefeuvre, Anna.
Oger, Marie.
Léjar, Augustine.
Donard, Marie.

Cochet, Jeanne.
Brisorgueil, Marie.
Lemoine, Emilie.
Ménard, Angèle.
Briant, Berthe.
Ruault, Joséphine.

—

Mégrit

Troyard, Françoise
Roudel, Anne.

—

Sévignac

Guitton, Anne-M.
Basset, Célestine.

—

Trédias

Pinard, Mar.-Rose.

—

Trémeur

Royer, Léonie.
Guéguen, Célestine
Guillemot, Joséph.
Botrel, An.-Marie.
Hédé, Joséphine.

ÉCOLES DE :

Yvignac

Nogues, Marie.
Andrieux, Marie.
Bouillier, Prudence

Garel, Marie.
Delahaye, Marie.
Manivel, Marie.
Plessix, Rosalie.
Nogues, Berthe.

CANTON DE JUGON

Dictée. — *La Clémence* : La clémence est la vertu de pardon et de miséricorde. Le grand poète français, Corneille, a raconté dans sa tragédie de Cinna (1) un beau trait de l'empereur romain Auguste. Un des familiers de celui-ci, Cinna, comblé de faveurs par son maître, avait fait le projet de l'assassiner pour satisfaire une vengeance. Auguste l'apprend et le fait venir auprès de lui : il lui rappelle d'abord ses bienfaits et tout à coup l'accuse de vouloir sa perte. L'autre essaye de se défendre, mais l'empereur l'arrête, et, lui tendant la main avec un geste de pardon : « Soyons amis, Cinna, c'est moi qui t'en convie. »

Sans doute on n'a pas souvent, dans la vie, l'occasion de se montrer clément de la sorte, mais on peut du moins et l'on doit se montrer indulgent pour les offenses reçues, pour les faiblesses et les défauts d'autrui, indulgent pour l'ingratitude et l'oubli qui payent trop souvent les services rendus.

Calcul. — Un marchand achète en gros

---

(1) Ce mot sera épelé.

l'eau de fleur d'oranger 2 fr. le litre. Il est obligé de mettre cette eau en petits flacons qu'il ne peut vendre que 0 fr. 75. Chacun de ces flacons lui coûte 0 fr. 05. Il veut gagner 0 fr. 95 par litre. Quelle capacité devra-t-il faire donner à chacun de ces flacons ?

2. On a mis 5/6 d'heure pour remplir les 7/8 d'un réservoir. Combien mettrait-on de temps pour le remplir entièrement ? On exprimera le temps en minutes.

Rédaction. — Par qui et dans quelles conditions sont construits les chemins de fer ? A quoi servent-ils ? Présentent-ils des inconvénients ? Dites en un mot tout ce que vous savez à ce sujet, et faites le tracé des principales lignes de chemins de fer de France.

Garçons

ONT ÉTÉ REÇUS :

ÉCOLES DE :

Jugon

Rabasté, Adrien.
Leclerc, François.
Perthuiset, Louis.
Perthuiset, Const.

—

Plédéliac

Huet, Pierre.
Royer, Gustave.
Pierre, Emmanuel.

—

Plénée-Jugon

Besnard, Albert.
Méheut, Jules.
Ollivier, Emile.

Commanet. Louis.
Labbé, Alexandre.
Le Chevalier, Gust.
Delaye, Auguste.
Hervé, Alexandre.

Plestan

Brieuc, Jean.

—

St-Igneuc

Le Hénaff, Ernest.

—

St-Esprit

Huet, Joseph.
Ducros, Henri.

Filles

ONT ÉTÉ REÇUES :

ECOLES DE ·

Jugon

Orveillon, Clément.
Gesret, Marie.
Lamiré, Elise.
Fervray, Angéliq.

—

Plédéliac

Carfantan, Marie.
Lemazin, Emilie.
Gourdet, Elisa.

—

Plénée-Jugon

Lecamus. Alexand.
Chèze, Eloïse.
Puisard, Alexand.
Ruellan, Marie.
Pansart, Aline.
Hervé, Rosalie.
Lebourdais, Eugèn.
Gauthier, Const.

—

Plestan

Duchesne, Marie.

St-Igneuc

Duchêne, Azeline.
Gesret, Marie.
Nourry, Anna.
Deschamps, Marie.

—

Tramain

Mégret. Pauline.
Basset, Rosalie.
Dijoué, Anne.
Henry, Marguerite.
Rabasté, Rosalie.

—

St-Esprit

Meslay, Alexand.
Oléron, Marie.

—

Lescouët

Abbé, Léonie.
Crochet, Marie.

CANTON DE MONCONTOUR

Dictée. — *La Justice :* La justice est la forme la plus simple et la plus accessible à tous de l'amour du prochain. En effet, la charité exige un effort, une véritable abnégation, souvent de l'héroïsme. La justice, tout en étant aussi une vertu, est plus facile, puisqu'elle demande seulement à autrui ce qui lui est dû. Sans elle, le désordre et la barbarie règnent dans un Etat : c'est elle seule qui règle la conduite des gouvernements, des juges, des fonctionnaires, du père de famille vis-à-vis de ses enfants, du maître vis-à-vis de ses serviteurs, de l'instituteur à l'égard de ses élèves, du propriétaire envers ses voisins, du négociant pour ses clients. En d'autres termes, nous devons faire pour les autres hommes ce que nous sommes en droit de leur demander. Droit et devoir sont les deux termes des relations sociales. J'ai le devoir de respecter le bien d'autrui, parce que j'ai le droit d'exiger que l'on respecte le mien.

Calcul. — 1. Un minerai de fer contient les 7/13 de son poids de fer. Par la méthode catalane 470 kg de ce minerai fournissent 150 kg de fer. Combien a-t-on perdu de fer ?

2. Un marchand fait venir 600 douzaines d'assiettes à raison de 2 fr. 20 la douzaine. Il paie 90 fr pour 1000 kg de transport et 3 fr. pour 1000 kg. de droits d'entrée. Il y a 72 assiettes cassées. Il veut gagner 0 fr. 05 sur chaque assiette achetée. Combien vendra-t-il la douzaine ? Une assiette pèse 375 gr.

Rédaction. — Qu'entend-on par régence ? Quels ont été dans notre histoire les principaux régents ou régentes ? Faites connaître et apprécier les événements les plus importants qui se sont produits pendant les diverses régences !

Garçons

Ont été reçus :

ECOLES DE :

Moncontour	Quessoy
Adam, Auguste	Josset, Mathurin.
Paumier, Louis.	

ÉCOLES DE :

St-Carreuc

Tardivel, Pierre.
Rabet, Jean.

—

Trébry

Faramus, Pierre.
Tarlet, Ange.

—

Trédaniel

Morin, Isidore.

Boucher, M.-Ange.

—

St-Guihen

Rouxel, Jean.
Cuvan, Joseph.

Élève libre

Bescond.

Filles

ONT ÉTÉ REÇUES :

ECOLES DE :

Moncontour

Veillet, Marie.
Hello, Marie.
Bernard. Marie.
Basser. Marie.
Loinglier. Angél.
Faucher, Marie.

—

Bréhand

Tardivel. M.
Le Bescond. Franç.
Gaudin, Rosalie.
David, Marie.
Roulier, Franç.

—

Penguilly

Commeaut, Aug.
Cipion. Marie.
Cornillet, Marie.

—

Quessoy

Tréglos, Ern.

Gibert, Marie.
Villebrod, Eug.

—

St-Carreuc

Le Creurer, Cécile.
Reux, Désirée.
Morel, Anne.
Reux, Anne.

—

St-Glen

Méheut, Ang.
Clément, Marie.

—

St-Trimoel

Huet, Marie.

—

Trébry

Faramus, Esther.
Lagrée, Anne.
Lefaucheur, Ad.

CANTON DE PLÉNEUF

Dictée. — *Lamartine* : Notre siècle a été fécond en grands poètes. L'un des plus illustres est Lamartine. Après avoir chanté dans sa jeunesse la royauté légitime, il travailla quand il fut homme au triomphe de la démocratie. Il est le premier qui fit comprendre à la France toute la grandeur de la première République par son histoire des Girondins. Ce beau livre convertit tant de cœurs aux principes de la Révolution que, quelques années après, en 1848, le gouvernement du roi Louis-Philippe ayant été renversé, la République fut proclamée spontanément sur toute l'étendue de la France, et Lamartine, nommé représentant du peuple par dix départements, fut pendant trois mois le chef réel de la République. Grand poète, grand orateur, grand citoyen, il eut la douleur de se survivre à lui-même, et mourut en 1869 dans l'oubli et presque dans la misère.

Calcul. — 1. Un marchand achète 45 m. de drap pour 573 fr. 75. Il revend 39 mèt. 355 fr. 75 et le reste avec 3 fr. 95 de bénéfice par mètre. Combien a-t-il gagné en tout ?

2. On a rempli les 3/7 d'un réservoir ; on estime qu'il faut encore 13 mèt. cub. 52 d'eau pour qu'il soit entièrement rempli. Quelle est sa capacité !

Rédaction. — D'où viennent le plâtre et la chaux ? Les prépare-t-on de la même manière ? Quels sont leurs usages ! Quels sont les ouvriers qui s'en servent et comment les emploient-ils ?

Garçons

ONT ÉTÉ REÇUS :

ÉCOLES DE :

Pléneuf

Crouazel, Th.
Michel, Arsène.
Defenouillère, J.
Guiher, Joseph.
Barbedienne, F.
Bois, Alfred.
Sicot. Ange.
Texier, Adrien.
Rollier. Jean.

Erquy

Lépagneul. Ol.
Fourchou, Joseph.
Cravilier, Zach.
Hervé, Eugène.
Châtelier, Jean.
Ruellan, Louis.

Planguenoual

Le Glâtre, J.
Renault, M.-Ange.

Plurien

Le Maitre, Joseph.
Trotin, Louis.
Gouranton, Félix.
Rouxel, Constant.

St-Alban

Trotel, Fr.
Macé, Adrien.
Caillibotte. J.-M.
Briend, Jos.
Lhôtellier, Jos.
Gloro, Jean.
Derlot, Jean.
Hourdin, Jean.

Dahouet

Hamouet, Hip.

Hôpitaux

Corniller, Paul.
Brouard, Et.
Lepavour, Jean.

Filles

ONT ÉTÉ REÇUES :

ÉCOLES DE :

Pléneuf

Durand, Hélène.
Langlais, Marie.
Guinard, Marie.
Allor, Rosalie.

Erquy

Briend, Françoise.
Jouarme. Emma.
Lemoine, Jos.

Planguenoual

Morin, Victorine.
Brieus, M.-Th.
Hamon, Marie.
Rouanet, Gabrielle.
Bauché, Marie.
Garocho, Marie.
Gutilois, Cécile.
Guernion, Emer.

ECOLES DE :

Plurien

Frostin, Cécile.
Denis, Aimée.
Donrault, Aimée.

St-Alban

Grogneuf, Jeanne.
Crolais, Mathurine.
Denis, Marie.
Crolais, Anne.

Dahouet

Caruel Madeleine.-

Hôpitaux

Brouard, Marie.
Garoche, Cécile.

La Couture

Houzé, Marie.

CANTON DE PLŒUC

Dictée. — *Le Feu* : On ignore comment l'homme, en ses débuts, s'est procuré le feu. A-t-il profité de quelque incendie allumé par la foudre, a-t-il embrasé son premier tison au foyer d'un volcan? Nul ne saurait le dire. Quel que soit ce point de départ, l'homme, dès les temps les plus reculés, est en possession du feu; mais comme les moyens de le rallumer, s'il vient à s'éteindre, sont très imparfaits, ou même manquent totalement, on veille d'abord à son entretien avec un soin extrême, on conserve d'un jour à l'autre un peu de braise.

L'extinction des foyers dans toutes les demeures serait une calamité si grande que, pour prévenir pareil désastre, la religion prend le feu sous sa sauvegarde. Dans l'ancienne Rome, une corporation de prêtresses appelées vestales était chargée de veiller nuit et jour sur la conservation du feu sacré. La malheureuse qui le laissait éteindre était punie d'un horrible supplice : on l'enterrait vivante.

Calcul. — Une personne veut se faire un revenu de 22824 fr. à 3 0/0 en vendant une propriété de 79 hect. 25. Combien devra-t-elle vendre l'are ?

2 On accorde 0 fr. 35 par kilom. d'indemnité à un fonctionnaire auquel on a donné un changement de résidence. Le chemin à parcourir est de 446 kilom. et il reçoit 179 fr. 55. Lui a-t-on donné ce qu'on lui doit ; dans tous les cas, combien lui a-t-on compté de km, soit en plus, soit en moins ?

Rédaction. — Qu'entend-on par Etats généraux ? Faites connaître les diverses dates et les raisons de leurs convocations, et, sommairement, les travaux et les évènements auxquels ils ont pris part.

Garçons

ONT ÉTÉ REÇUS :

ÉCOLES DE :

Plœuc

Darcel, Mathurin.
Corlay, Yves.
Denis, Jean.
Georgelin, Jean.
Tertre, Pierre.
Garnier, Vincent.

La Harmoye

Paly Alfred.
Guillermo, Emm.

Lanfains

Jouanny, Mathur.

L'Hermitage

Le Charpentier, V.

Duclot, Mathurin.
Rault, Pierre.
Auffray, Edouard.
Le Helloco, Pierre.
Rio, Joseph.

Plaintel

Eveillard, Pierre.
Tréhorel, Louis.
Bidan, Guillaume.
Hellio, Yves.
Morel, Jean.

Le Pas

Joly, Pierre.

Bodéo

Jouan, Joseph.

Filles

ECOLES DE :

Plœuc

Agu, Sainte.
Toudic, Angèle.
Denis, Virginie.
Moisan, Anne.
Plévin, Marie.
Hervé, Jeanne.
Hunault, Anne.
Harzo, Anne.
Mercier, Marie.
Hamon, Anne.

La Harmoye

Parco, Marie.

Allo, Isabelle.
Thomas, Rosalie.
Allo, Jeanne.

Lanfains

Jégou, Marie.
Rivalon, Marie.

Bodéo

Lorvellec, Marie.
Rault, Marie.

CIRCONSCRIPTION DE DINAN

CANTON DE DINAN (Est)

Garçons

Dictée. — *Le Ramoneur* : Vous avez vu souvent ces petits Auvergnats qui parcourent nos villages aux approches de l'hiver, que l'on appelle pour cela hirondelles d'hiver, et qui crient dans toutes les rues : « Eh, ramoner les cheminées du haut en bas. »

Ce sont de pauvres enfants que la misère a chassés de leurs montagnes, mais qui y retournent au printemps. Car le montagnard aime sa montagne. Et la montagne, ce sont les grands sapins, les torrents, les précipices, la neige, la chasse au chamois, à l'isard. La montagne, c'est le danger et pour le montagnard, c'est le bonheur.

Calcul. — 1. On a acheté 100 bouteilles de vin à 0 fr 75 l'une, verre compris ; on revend les bouteilles vides 0 fr. 20 la pièce, mais on en casse 10. Quelle a été la dépense totale ?

2. Un champ de forme triangulaire, ayant 250 m. de base et 48 m. 20 de hauteur, a été acheté 10,900 fr. ; on en revend le 1/4 pour 3,212 fr. Combien vaut le mèt. carré du reste, on ne faisant aucun bénéfice ?

Rédaction. — *Les Fumiers :* Développez chacun des points du canevas ci-après. — Des fumiers ; leur composition ; division en fumiers chauds et en fumiers froids ; manière de corriger les uns et les autres ; fosse à fumier ; réservoir à purin ; soins à donner aux fumiers ; emploi.

ONT ÉTÉ REÇUS :

ECOLES DE :

Dinan

Argenté, Alfred.
Bousin, Louis.
Delaune, Eugène.
Dufeil, Henri.
Etesse, Jules.
Graindorge, Ch.
Lacroix, Léon.
Locoguiec, Joseph.
Létang, Charles.
Lois, Joseph.
Maupin, Eugène
Michel, Jean-Marie.
Noël, Henri.
Nogues, Alphonse.
Nogues, Eugène.
Nouvel, Jean.

Perrot, Edouard.
Robert, Armand.
Rochefort, Emile.
Rolland, Stéphane.
Rouault, Joseph.
Scardin, Joseph.
Méheust, Théodore.

—

Lanvallay

Chollet, Alexand.
Hardy, Louis.
Jambon, Charles.

—

Pleudihen

Orumellon, Célest.
Hulaud Jean.
Renaud, Eugène.

ECOLES DE :

St-Helen

Chenu, Eugène.
Desportes, Franç.
Gaudin, Augustin,
Gabillard. Franç.
Huet, François.

Legout. Emile.
Mousset, François.
Prié, Edouard.

—

Tressaint

Morin, Eugène.

Filles .

Dictée. — *Touchante Histoire* : Il y avait eu un combat ; le soir deux blessés se trouvèrent étendus côte à côte sur le champ de bataille. L'un était un Français, l'autre était un Russe. Ils souffraient cruellement ; ils essayèrent de se parler et s'ils ne se comprirent pas beaucoup, ils se témoignèrent du moins de l'amité et de la compassion.

La nuit vint ; un des deux s'endormit. Le matin, quand il se réveilla, il vit sur lui un manteau qu'il ne connaissait pas ; il chercha son voisin. Celui-ci était mort, et, au moment de mourir, avait ôté son manteau et l'avait étendu sur son compagnon de misère... C'était le Français.

Calcul. — 1. Une barrique de vin de 225 lit. a coûté 125 fr. prise chez le producteur. On paie pour le transport 10 fr. 75 et pour l'octroi 5 fr. 25. A combien revient le litre et combien doit-on le revendre pour gagner 40 pour 100 ?

2. Un vase plein d'eau pèse 525 décag. ; vide il pèse 2 hectogr. 5. Quelle est, en litres, la capacité de ce vase ?

Rédaction. — *Avarice et prodigalité.* — Le prodigue et l'avare. Faites leur portrait ; racontez leur vie. Le prodigue est bientôt réduit à la misère, l'avare par sa faute vit comme un misérable. Réflexions.

Ont été reçues :

ECOLES DE :

Ecole commun, de Dinan

Audren, Marie.
Adam, Jeanne.
Dupas, Victorine.
Guillermy, Jeanne.
Manivel, Marie.
Hénon, Rose.
Lucas, Marie.

—

Ecole privée de la Sagesse

Goubin, Jeanne.
Hillion, Rose.
Henry, Amélie.
Moisan, Aline.
Podevin, Marie.
Perrot, Alphonsine.
Thouault, Marie.

—

Pleudihen

Besnard, Amélie.
Richard, Marie.

Bonhomme, M.-A.
Desveaux, Marie.
Frémont. Julie.
Gay, Thérèse.
Lemonnier, M.-Th.
Noury. Marie.
Pommeret, Marie.
Pommeret, Franç.
Simon, Marie-Th.

—

St-Hélen

Eudes, Henriette.
Lepère, Marie.

—

St-Solen

Lemonnier. A.-M.
Lemonnier, Adèle.
Leclinche, Lucie.

—

Tressaint

Duval, Anne.-M.
Lardoux, Marie-J.
Leroy, Louisa.
Primault, Aurélie.

....

CANTON DE DINAN (Ouest)

Garçons

Dictée. — *Songez aux Conséquences de vos Actions :* Il y a sur les voies ferrées, des hommes appelés aiguilleurs, qui, à l'aide d'un mécanisme, impriment un mouvement aux rails en fer, sur lesquels roule le train A leur volonté le train prend sa direction à droite ou à gauche. Qu'un de ces hommes fasse mal sa besogne, savez-vous ce qui va arriver ? Le train prend une fausse direction et s'engage sur une voie réservée à un autre convoi. Que les deux trains se rencontrent avant que l'erreur ait été rectifiée, un choc épouvantable se produit, et une foule d'hommes sont tués ou blessés.

Voilà la conséquence d'une coupable négligence,

Calcul. — Une pile de bois a 12 m. 50 de long et 1 m. 20 de hauteur ; les bûches ont 0 m 80 de long. Elle est vendue au prix de 10 fr. 50 le stère. Quelle en est la valeur totale ?

2. Le propriétaire d'une terre valant 100,000 fr. paye chaque année 320 fr. d'impôts et dépense 3500 fr. pour l'exploitation. Le revenu brut de cette terre est de 9450 fr. Combien rapporte-t-elle net, pour 100 fr. de sa valeur ?

Rédaction. — *Valeur des engrais.* — Les engrais animaux n'ont pas tous la même richesse : montrez-le. Passez en revue les causes qui agissent sur la valeur d'un engrais : nourriture, espèce et âge des animaux, travaux auxquels ils sont astreints, paille des litières, soins donnés aux fumiers.

ONT ÉTÉ REÇUS :

ECOLES DE :

Brusvily

Ledé, Ange-Marie.

—

Calorguen

Yvergniaux, Cél.
Tardivel, Maxime.
Dubois, J.-B.
Péron. J.-M.

Hinglé

Biffard. Arthur.
Bougie, Henri.
Gourdel, Charles.

—

Plouer

Aveline, Math.
Bourget, Guill.

ÉCOLES DE :

Brebel, Edouard.
Brieuc, François.
Demay, Joseph,
Duval, Mathurin.
Guéneron, Fr.
Hamon, Emm.
Le Testu, Louis.
Merdrignac, Elie.
Miel, Mathurin.
Roger, François.

Quévert

Corvaisier, J.-B.
Leblanc, Alfred,
Robert, H.-Jos.

St-Samson

Bouton, Aug.

Taden

Macé, Jules.

Taden-Trélat

Champsavoir, Mat.
Lemoine. J.-M.
Lepart, P.-M.

Trélivan

Langlais, Eugène.

Trévron

Amelot, Adolphe.
Dubourne, Léop.
Jacques, Henri.
Langlais, Victor.
Morin, Augustin.

Filles

Dictée. — *Le Chien* : Le chien est un animal domestique ; c'est le plus fidèle des serviteurs de l'homme. Il garde la maison et avertit, par ses aboiements, de l'entrée d'un étranger. Sans lui le berger ne pourrait conduire son nombreux troupeau, ni le chasseur atteindre le gibier qu'il poursuit.

Il y a de nombreuses espèces de chiens : vous connaissez le griffon, le levrier, le dogue, le caniche qui conduit l'aveugle, le chien du Saint-Bernard, et surtout ce chien-loup ou chien du berger, le moins beau peut-être, mais certainement le plus utile. Malheureusement, tous sont sujets à une terrible maladie nommée rage.

Calcul. — 1. Un fermier achète une 1ʳᵉ fois 28 moutons pour 650 fr., une 2ᵉ fois 15 moutons pour 292 fr. et une 3ᵉ fois 37 moutons pour 666 francs. Il veut revendre les moutons en les partageant en 10 lots. Quel sera les nombre des moutons et le prix de chaque lot ?

2. Le 1/20 d'une somme représente 125 fr. Quelle sera la valeur du 1/4 augmentée des 4/9 de cette somme ?

Rédaction. — *Avantages de l'épargne.* — Indiquez les avantages de l'épargne ; montrez que tout le monde peut et doit épargner. Faites voir les satisfactions que se réserve l'ouvrier qui met en réserve et place sagement ses économies.

ONT ÉTÉ REÇUES :

ECOLES DE :

Brusvily

Béhel, A.-M.

—

Calorguen

Chattou, Val.
Garel, Rosalie.
Houël, Victorine.
Oger, M.-Jos.
Plessix, Lucie.

—

Hinglé

Tual, M.-L.
Hédé, Victorine.
Hubert, Marg
Lesage, Célénie.

—

Plouer

Bézard, Pélagie.
Duquercron, Elisa.
Furel. Angèle.
Goaziou, Pauline.
Hallouet, Eléonore.
Jack, Marie.

Tessier, Maria.

—

Quévert

Gauvin M.-Reine.
Plessix, Victoire.
Thomas, Azeline,
Thomas, M.-L.

—

St-Carné

Boquenet, Marie.

—

St-Samson

Chesnais, Marie.
Foutel, Elisa.
Tranchevent, L.

—

Taden

Boivin, Marie.

—

Taden-Trélat

Chesnais, Marie.
Legrand, M.-J.
Lécuyer, Marie.

CANTON DE CAULNES

Dictée. — *Le Héron* : Le héron nous présente l'image d'une vie de souffrance et de pénurie. N'ayant que l'embuscade pour toute industrie, il passe des heures, des jours entiers à la même place. Quand on l'observe avec une lunette, il paraît endormi, immobile au point de laisser douter si c'est un être animé. S'il change d'attitude, c'est pour en prendre une autre encore plus contrainte ; on le voit posé sur un seul pied, le corps presque droit, le cou replié le long de la poitrine et du ventre, la tête et le bec couchés entre les épaules.

Ces oiseaux ne résistent et ne durent qu'à force de patience et de sobriété.

Calcul. — 1. Une robe exige 10 m. d'étoffe de 0 m. 60 de large à 2 fr. le mètre ; la doublure de 0 m 80 vaut 1 fr. 25 le mèt. ; la façon coûte le 1/3 des autres frais. Quel est le prix de la robe achevée ?

2. On a vendu le 1/8 d'une propriété de 2 ha 0425 à 0 fr. 80 le mq ; les 3/7 à 0 fr. 90 et le reste à 1 fr. Quel est le prix total de vente ?

Rédaction. — *Le Froid* : Dites les différentes précautions que vous prenez pour éviter le froid, aux pieds, en hiver, à l'école. Malgré cela, il vous est peut-être arrivé d'avoir les pieds engourdis au moment de la récréation ; à quels moyens avez-vous recouru pour vous réchauffer ? Vous ont-ils réussi ? Tous vos camarades vous imitent-ils ? Que font-ils ? Que leur arrive-t-il et à quoi s'exposent-ils ?

Garçons

ONT ÉTÉ REÇUS :

ECOLES DE :

Caulnes

Barbé, Jean-Bapt.
Besret, Jos.-Em.
Briand, Ch.-Marie.
Colombel, M.-Ang.
Doucéré, Julien-M.
Duval, Aristide.
Ecolan, Mathurin.
Giffard, Jean-Bapt.
Martin, Mar.-Ange.
Pellan, Jos.-Marie.

Chapelle-Blanche

Demay, Victor.
Guenroc, Louis.
Mottais, Louis.
Sourdaine, Joseph.

Guenroc

Morin, Jean-Bapt.
Piedvache, J.-Bapt.

Plumaudan

Bignon, Victor.
Dalibot, J.-Louis.
Duvaufairier, M.-A.

Hasló, Pierre-Cél.
L'Etrillard, J.-L.
Le Branchu, Const.
La Franche, Emile.
Morin, Adolphe.
Nogues, Ernest.
Préal, Emile.

Plumaugat

Santier, Henri.
Piaudel, Désiré.

St-Jouan-de-l'Isle

Bougault, Louis.
Brossais, Joseph.
Gaudin, Emile.
Garel, Marie-Ange.
Gilbert, Armand.
Le Gallais, Jean-L.
Le Guillermic, Al.
Letort, Henri.
Morel, Amédée.

St-Maden

Brindejonc, Joseph.
Charlot, Joseph.

Filles

ONT ÉTÉ REÇUES :

ECOLES DE :

Caulnes

Leroux, Marie.
Delépine, Eulalie.
Le Calvez, Léocad.
Havis, Angèle.
Lebret, Emilie.

Forgeard, Anne-M.
Gaudin, M.-Ange.
Marion, Ernestine.
Thomas, Augustine.
Leroux, Eugénie.
Lebranchu, M.-Jos.

ECOLES DE :

Chapelle-Blan-che

Gauvin, Marie-L.
Piedvacho, Eugénie

—

Guenroc

Lefort, Constance.
Salmon, Clément.

—

Plumaudan

Levavasseur, M.-R.
Nogues, Angélina.
Nogues, Marie-Rose
Pellau, Angélina.

—

Plumaugat

Limoux, Félicie,

Orinel, Augustine.
Galland, Clément.

—

St-Jouan-de-l'Isle

Carré, Marie-L.
Dufros, Eugénie.
Laurent, Elisa.
Laurent, Léonie.

—

St-Maden

Boyer, Euphrosine.
Boyer, Philomène.
Haouissée, Const.
Lebranchu, M.-R.

CANTON D'ÉVRAN

Garçons

Dictée. — *La Lune* : C'est l'astre de la nuit. La lune tourne autour de la terre en vingt-neuf jours et demi,

Par elle-même elle n'a pas de lumière ; c'est la lumière du soleil qu'elle nous renvoie. Dans les campagnes, on croit encore que la lune rousse grille les plantes au printemps ; c'est là une bien grande erreur. Si les plantes sont quelquefois roussies au printemps, c'est que leurs bourgeons sont très tendres et que souvent les nuits sont froides et même glaciales.

Mais la lune n'a aucun effet sur elles, ni sur la végétation.

Calcul. — 1. On paye 1 fr. 50 le mètre courant pour creuser un canal long de 2,285 mèt. 10 ouvriers ont mis 102 jours pour faire ce travail. Combien chaque ouvrier gagnait-il par jour ?

2. Un ouvrier gagne 3 fr. 25 par jour ; il dépense le 1/3 pour sa nourriture, 1/4 pour son logement et 1/5 pour son entretien et autres frais. Combien peut-il économiser en une année, déduction faite de 65 jours de repos ?

Rédaction. — *La prise de la Bastille :* Soulèvement produit par le renvoi de Necker et l'arrivée des régiments étrangers dans Paris. Le peuple, qui sent sa liberté menacée, fabrique des piques, s'empare des fusils de l'Hôtel des Invalides, des sabres, des canons, et marche contre la Bastille. — Ce qu'était cette forteresse. — Récit de l'attaque, de la défense et de la victoire. Impression produite en France et en Europe, — Pourquoi a-t-on placé à cet anniversaire la Fête nationale ?

ONT ÉTÉ REÇUS :

ECOLES DE :

Evran

Duperré, M.
Fouéré, Constant.
Frère, Henri.
Gabillard, M.
Gautier, Alexis.
Guéneron, M.
Hautière, Léopold.
Nouazé, Gustave.
Neveu, Jules.
Pellan, Joseph.
Cachot, Anatole.

Champs-Géraux

Juhel, Célestin.

Leforestier, Henri.
Lenouvel, Math.

Quiou

Brossais, Edouard.

Plouasne

Gourdet, Joseph.
Monnier, Joseph.
Neveu, Joseph.

St-André-des-Eaux

Nicolas, Pierre.

ECOLES DE :

St-Judoce	St-Juvat
Pinault, Julien.	Gabillard, Fr.
Guérin, Célestin.	
L'Hermitte, Désiré.	

Filles

Dictée. — *Le Carton de l'Ecolier* : On juge un ouvrier à l'état de ses outils ; on juge un écolier à la tenue de son carton. Celui du bon écolier est propre et bien rangé, ses cahiers et ses livres sont couverts, on n'y pourrait trouver ni un pli, ni une tache d'encre. Celui du mauvais écolier, au contraire, a été jeté dans tous les coins, il est brisé, malpropre ; ses livres n'ont point de couvertures, il ne les aime pas et n'en prend aucun soin ; son porte-plume même, rongé par le bout, témoigne de sa paresse ; il le mâchonne quand il s'ennuie, et un mauvais écolier s'ennuie souvent à l'école.

Calcul. — 1. Un champ de forme rectangulaire, ayant 250 mèt. de long et 48 m 25 de large, est échangé contre un autre, de même forme, ayant 300 mèt. de long. Quelle est la largeur de ce dernier ?

2. Un marchand de biens a acheté une petite ferme pour 12,500 fr., puis une autre, 10 fois plus grande, aux mêmes conditions, puis un pré pour le centième de ce qu'il avait déjà dépensé. Combien doit-il vendre ces biens réunis pour gagner 15 pour 100.

Rédaction. — *Repassage du Linge* : Votre mère avait, jeudi dernier, beaucoup de linge à repasser ; vous l'avez aidée. Racontez l'emploi do votre journée dans une lettre à une amie. Dites quelle a été votre part dans la besogne et celle que votre mère s'est réservée ; les conseils que celle-ci vous a donnés, les précautions qu'elle a prises, avant et pendant le travail, pour l'effectuer dans les meilleures conditions possibles. Concluez.

Ont été reçues :

ÉCOLES DE :

Evran

Brouard, Virginie.
Chapon, Célestine.
Chatton Valentine.
Doucé, Eugénie.
Fouéré, Eugénie.
Gaudin, A.-M.
Houisée, Virginie.
Lemée, A.-M.
Maffart, M.-Jos.
Renault, Emilie.
Blanchard, M.-Rose

Bailly, M.-L.
Bougault, A.-M.
Delalande, An.-M.
Garnier, M.-Jos.
Hazard, Marie.
Jouahnin, M-Jos.
Leclerc, A.-M.
Marqué, Félicité.
Neveu, Marie.
Salan, Angèla.
Rouault, M.-Rose.
Legendre, Henr.

Champs-Géraux

Busnel, M.-Jos.
Chevalier, Annecy.
Essirard, Victorine.
Grosset, Eugénie.
Guérin, Lucie.
Hautière, Léonie.

St-André-des-Eaux

Gamblin, M.-Fr.

Quiou

Delaroche, R.
Leclerc, A.-M.

St-Judoce

Froslin, Henriette.
Hamon, Aline.
Nivol, M.-Ange.

Plouasne

Baëbr, Rosalie.

St-Juvat

Briand, Adèle.
Leforestier, Eug.
Leforestier, Valent.

CANTON DE MATIGNON

Garçons

Dictée. — *Le Rat trop confiant* : Du fond de son trou, le rat vit un jour un chat. « Tu fais du mal à tous les rats, et ils n'ont rien fait ni à toi ni aux tiens. Nuit et jour, tu cours pour qu'un de nous soit ta proie ; il vaut bien mieux, crois-moi, vivre en paix dans ces lieux ». — « Bien, fort bien, dit le chat, tu es un bon rat ; ce que tu me dis me plaît. Sors de ton trou, ne crains rien, je ne veux plus de mal ni à toi ni aux tiens. »

A ces mots, le rat, sans peur, se rend auprès du chat. Mais d'un seul bond le chat le prend et n'en fait qu'un coup de dent.

Défions-nous des personnes portées par intérêt à faire de belles protestations.

Calcul. — 1. 250 sacs de plâtre pesant chacun 20 kg ont été transportés à 380 mèt. de distance. On a payé 0 fr 017 par tonne et par Km ; Combien a coûté le transport ?

2. Une somme de 14,480 fr. a été employée : le 1/3 à acheter de la rente 3 0/0 au cours de 95 fr. et le reste à acheter de la rente 4 1/2 à 128 fr. Quelle est, au total, la rente annuelle qu'on en tirera ?

Rédaction. — Quelles sont les chaussures en usage dans la région ! — Quels services rendent-elles ? Comment les nettoie-t-on, les tient-on en bon état ? — Mise en ordre à la maison. Quel est votre rôle dans le nettoyage et la mise en ordre ? Quelles qualités recherche-t-on dans l'achat et le choix des chaussures ? Leur emploi en chaque saison.

Ont été reçus :

ECOLES DE :

Matignon

Bourseul, Louis.
Guéhenneuc, Pier.
Lemasson, René.
Thoreux, Léon.

Hénanbihen

Barbu, Louis.
Brion, Louis.
Dubois, Jean.
Hénon, Hippolyte.

Hénansal

Gautier, Jean.
Lemenne, Joseph.
Rault, Julien.

Guildo

Bouvet, Victor.
Cousin, Edouard.

Pléboulle

Brisbard, Alfred.
Charlot, J.-M.-B.

Durand, Aimé-Mar.
Frostin, Eugène.
Hourdin, Joseph.
Lécouffard, F.-M.
Le Goff, Ernest.
Morin, François.

Pléhérel

Lemaître, Ange-M.

Plévenon

Delanoë, Frédéric.
Dubois, Joseph.
Guiguen, Jules.
Huet, Jean.

St-Cast

Guinard, Julien.
Hamon, Joseph-J.
Hamon, Joseph.
Josse, Cast.

St-Potan

Berthelot, Joseph.
Biche, Joseph.

Filles

Dictée. — *La Souris* : La souris est un animal rongeur de l'ordre des vertébrés.

Elle a une queue très longue, le pelage gris, le ventre blanc, le museau pointu et l'œil très vif.

Elle vit dans les maisons et s'établit même dans les meubles ; mais elle se plait surtout dans les greniers, dans les poulaillers et dans les colombiers, là où son existence est moins exposée qu'ailleurs aux griffes du chat.

Elle se nourrit de tout ce qu'elle trouve, et plus

volontiers de larves, de graisse et de savon. C'est donc un animal nuisible, que tous les soins de l'homme tendent à détruire.

Calcul. — 1. Un bloc de plomb pèse 750 kg. On doit le découper en feuilles ayant 0 m. 001 d'épaisseur. Trouver en ares et en centiares la superficie occupée par ces feuilles, la densité du plomb étant de 11,3.

2. Un propriétaire vend sa récolte comprenant 10 mo de froment à 3 fr. 25 le double-Décalitre ; il place la demie du produit de cette vente à 4 0/0. Quelle rente annuelle lui procurera ce placement ?

Rédaction. — *Conversation entre contribuables* : Vous êtes allé, en compagnie de votre père, passer la soirée chez votre voisin. Le garde-champêtre a distribué les feuilles d'avertissement dans la journée. Jacques se plaint assez amèrement... Que dit-il !

Il ne comprend ni pourquoi les impôts augmentent, ni ce que l'on peut faire de tout l'argent versé par les contribuables. Votre père, lui aussi, gagne péniblement son argent et il ne murmure pas. Il s'efforce de convaincre son ami que l'impôt est nécessaire. Racontez ce que vous avez entendu.

ONT ÉTÉ REÇUES :

ECOLES DE :

Matignon

Besnard, Angélique
Besnard, Anna.
Besnard. Marthe.
Courtais, Marie.
Dagorne, Ernestine.
Frostin, Pauline.

L'Hôte, Thérèse.
Mainguy, Jeanne.
Marié, Marie.

—

La Bouillie

Guinard, Marie-Jos.

ECOLES DE :

Hénanblhen

Hénon, Cécile.

—

Hénansal

Avril, Marie-Julie.
Hamonet, Marie-L.

—

Guildo

D'pagne, Marie.
Déniel, Eugénie.
Harnois, Françoise.
Pellion, Joséphine.
Quéma, Louise.
Rouault, Louise.

—

Pléboulle

Mahé, Marie-Jos.
Rebillard, Marie-J.
Ruellan, Marie-F.

Salmon, Héloïse..

—

Pléhérel

Mignot, Louise-M.

—

Plévenon

Chrétien, Alix.
Doyet, Anne-M.
Lévêque, Marie.

—

St-Cast

Blanchet, Françoise
Denoual, Françoise
Desfoux, Françoise.
Gaouyet, Angèle.
Hamou, Marie.
Nicolas, Frautine.
Péan, Evangéline.

CANTON DE PLANCOET

Garçons

Dictée. — *Comment on corrige un poltron :*
Rien n'est plus sot et plus ridicule qu'un petit
garçon poltron ; ses frayeurs continuelles le ren-
dent malheureux et les gens courageux le mé-
prisent.

Sous le règne de Louis XIV, vivait un brave
et illustre marin, appelé Jean-Bart Un jour qu'il
livrait aux Anglais une bataille navale, il vit que
son fils, âgé de seize ans, tremblait de tous ses
membres. Que fit-il ? Loin de le plaindre, il or-
donna de l'attacher au pied du grand mât sur le
pont du navire, et le força ainsi à assister au
combat, au milieu d'une pluie de mitraille.

Calcul. — 1. Une pièce de vin fournit 200

litres ; elle a coûté 82 fr. d'achat et 14 fr. 25 pour d'autres frais. On l'échange contre du cidre coûtant net 12 fr. 50 l'Hl. Combien recevra-t-on de litres de cidre ?

2. Un réservoir de forme cylindrique a 0 m. 80 de diamètre et 1 m. 50 de hauteur ; combien contiendrait-il de dme d'eau ?

Rédaction. — *Le second Empire.* — *Napoléon III Empereur :* Coup d'Etat du 2 décembre 1852. — Ce qui l'a rendu possible. — Présidence décennale. — Rétablissement de l'Empire. — Constitution de 1852. — Période de prospérité et de grandeur. — Les fautes. — La décadence et la fin du second empire.

Ont été reçus :

ECOLES DE :

Plancoët

Robert. Casimir.
Courtois. Fr.
Josselin, J -B.
Esnault, Julien.
Grangiens, Jean.
Gourgand, Fr.
Brouard. Jean.
Leroy, Pierre.

Bourseul

Rabin, Mathurin.
Tadier. Math.

Corseul

Bétuel, Ernest.
Bouillon. Y.-M.
Chenu, P.-M.

Créhen

Couëssurel, Mat.
Rouault. Jules.
Perrée François.
Thoreux, M.-Ange.

Landébia

Lesné, J.-B.

Plessix-Balisson

Guenver, Alex.
Leclair, Rolland.

Pléven

Chenu, Constant.
Blanchard, P.
Thébault, M.-Jos.

Pluduno

Benoist, Jean.
Guillois, M.-Ange.
Le Goff, M.-Ange.
Ménard. Désiré.
Pillon Pierre.

St-Lormel

Verger. J.-M.
Gromy, Jules.

Filles

Dictée. — *L'Obéissance* : Une belle poule blanche promenait ses petits poussins nouvellement éclos. Toute la journée on l'entendait faire : « Cloc, cloc, cloc », ce qui voulait dire : « Suivez-moi, mes enfants, ne vous écartez pas. »

Les petits, dociles les premiers jours, se relâchèrent à la longue.

Quelques jeunes étourdis, sentant pousser leur crête, s'en allèrent à l'écart, laissant la mère appeler.

Un beau jour, Minet, qui s'étirait au grand soleil, aperçut un de nos étourdis ; voyant la mère trop loin pour défendre son petit, il saute dessus et l'attrape.

Il arrive toujours malheur aux désobéissants.

Calcul. — 1. Un champ de forme triangulaire, ayant 480 m 25 de base et 96 m 30 de hauteur, a été vendu 108 fr. l'are. Quelle est sa valeur ?

2. Les 2/3 des 3/4 de 1080 fr. ont été employés à acheter de la rente 3 0|0. Quelle rente annuelle en tirera-t-on ?

Rédaction. — Préparation et usages de la chaux. Dites comment on l'obtient. Parlez des différents modes d'extraction du calcaire.

Ont été reçues :

ÉCOLES DE :

Plancoët

Bréhignier, M.
Allory, Renée.

—

Boursoul

Abbé, Julie.

Bouguet, Maria.
Boulevard, Azél.
Leroy, Agathe.
Malais, M.-Jos.
Mehouasi, M. Jos.
Miaga, M.-Fr.
Nicolas, M.-Rose.

ECOLES DE :

Corseul

Chenu, M.-Reine.
Lemasson, M.-Fr.
Picard, Rosalie.

—

Créhen

Choin, Victorine.
Departout, Sér.
Duchêne. Jos.
Le Tacon, Jos.
Morin, Julienne.
Sautier, M.-Rose.

—

Landébia

Biche, M.-Fr.

—

Plessix-Balisson

Menier, Léonie.

Collet, Angèle.
Loquen, Marie.

—

Pléven

Duchêne, Rosalie.
Hamon Rosalie;
Besnard, M.-L.
Lefeuvre, Elodie.
Prébernard, M.
Fouré, Rosalie.

—

Pluduno

Juhel, A.-M.
Boivin, Agathe.
Hamon, Julie.
Samson, M.-Rose.
Lévêque, Maria.
Lormel, Héloïse.

CANTON DE PLÉLAN-LE-PETIT

Dictée. — *Le Sel* : Le sel est indispensable à la vie de l'homme, et tous les peuples, même les moins civilisés, ont senti l'impérieux besoin de saler leurs aliments.

Les bestiaux eux-mêmes sont très friands de sel. L'industrie en fait aussi usage pour conserver les viandes, pour fabriquer le vernis qui recouvre les poteries. Elle en emploie bien plus pour obtenir les produits chimiques qui servent, par millions de tonnes, à la fabrication du verre et du savon.

Rien qu'en France, on consomme chaque année, plus de six cent cinquante millions de kilogrammes de sel.

Calcul. — 1. On échange un terrain de 42 a

84, estimé 0 fr. 80 le centiare, contre un autre de 1 ha 071 Combien vaut l'are de celui-ci ?

2. Un héritage de 42,500 fr. est partagé entre 4 personnes ; la 1re en a le 1/5, la 2e les 2/7, la 3e les 3/12 ; Quelle est la part de la 4e ?

Rédaction. — *La Girouette :* Vous avez déjà vu une girouette ? Où ? Décrivez-la. Dites à quoi elle sert ; vous en feriez bien une ; comment ? — Ne peut-on, à défaut de girouette, se rendre compte de la direction du vent ?

Garçons

ONT ÉTÉ REÇUS :

ECOLES DE :

Languédias
Berrest, Aristide
Jauniaux, François
Breton, Marie-Ange

—

St-Michel
Jouan, Marie-Ange

St-Maudez
Gergon, Mar.-Ange.

—

St-Méloir
Miaga, Isidore.
Rouault, Ludovic.
Jouffe, Amedée.
Jouffe, René.

Filles

ONT ÉTÉ REÇUES :

ECOLES DE :

Plélan
Troyard, Marie-L.

La Landec
Fouré, Marie-Rose

—

Languédias
Behel, Marie-Rose.

Plorec
Haquin, Marie.
Journaux, Rose.
Le François, M.-R.

—

St-Maudez
Briand, Marie-R.

—

Trébedan
André, Marie-Jos.

CANTON DE PLOUBALAY

Garçons

Dictée. — *Comment il faut manger* : Quand la quantité des aliments que l'on mange est trop considérable, la digestion devient laborieuse, on on se sent mal à l'aise.

Il ne faut pas surcharger son estomac, ne pas lui donner une nouvelle besogne, avant qu'il ait fini la première ; il faut lui permettre de se reposer.

Prenez donc vos repas à des heures régulières ; levez-vous de table avant d'être complètement rassasié. On ne vit pas de ce que l'on mange ; on vit de ce que l'on digère.

Les hommes sobres sont bien portants ; ils supportent facilement les privations ; ils résistent bien aux fatigues et aux efforts prolongés.

Calcul. — Un négociant qui a livré 10 pièces de vin à 108 fr. 50 l'une, reçoit en échange 100 m. de toile à 1 fr. 35 et 100 m. de calicot à 0 fr. 85. Combien lui doit-on encore ?

2. Les 2/5 d'une propriété valant 19,450 fr. ont été placés en l'achat de rente 3 0/0 au cours de 86 fr., le reste a été placé chez un particulier à 4 fr. 50 0/0. Quel est le produit total et annuel de ces placements ?

Rédaction. — *Le Budget de la Commune.* Pourquoi la commune a-t-elle besoin d'un budget ? A quoi sert ce budget ? Indiquez les principaux articles qui doivent y figurer. Dites par qui il est préparé, voté, approuvé.

(3).

ONT ÉTÉ REÇUS :

ECOLES DE :

Ploubalay

Bouché, Eugène.
Legatelois, Aug.
Poulard, Célestin.
Radenac, Eugène.

Langrolay

Hervelin, Pierre.
Odye, Pierre.
Trottin, Mathurin.

Pleslin

Déléchapt, F.

Guer, Auguste.
Jouble, Edmond.
Larose, Auguste.
Lemoine, Elie.
Miriel, M.-A.

St-Jacut

Dagorne, J.-B.

Trégon

Darcel, J. D.
Pavy, J.-B.
Rouxel, J.-M.

Filles

Dictée. — *L'Esclavage dans l'Antiquité* : Comme on ne connaissait presque aucune machine, on se servait de ce qu'on appelait dans l'antiquité des machines humaines, des esclaves.

On achetait et l'on vendait des ouvriers comme on achète et l'on vend des bêtes de somme.

Les Romains recrutaient ainsi, par toute la terre, leurs esclaves. Leurs armées amenaient à leur suite des troupeaux d'hommes enchaînés, que les citoyens riches achetaient et faisaient travailler à leur service.

A Rome, le maître qui possédait un ouvrier cordonnier, lui coupait les nerfs des jambes pour l'empêcher de s'enfuir. Et cette barbarie s'étendait sous des formes diverses, à tous les ouvriers.

Calcul. — 1. Quel est le poids d'un paquet auquel on fait équilibre au moyen de 5 pièces de 20 fr., 12 pièces de 2 fr., 3 pièces de 0 fr. 50 et 4 pièces de 0 fr. 10 ?

2. Un meunier vend 32 sacs de farine, pesant chacun 157 kg au prix de 42 fr. 50 les 100 kg. Combien reçoit-il ?

Il retire 520 fr. de sa recette et achète avec le reste un pré de 3 ares ; à combien lui revient le mètre carré ?

Rédaction. — Dans une lettre à une correspondante, vous décrirez la manière de faire la lessive dans votre village. Vous insisterez sur les procédés spéciaux à la contrée et vous en démontrerez les avantages.

ONT ÉTÉ REÇUES :

ÉCOLES DE :

Ploubalay

Courtois, Eulalie.
Cocheril, Marie.
Gautier, Marie,
Gabot, Marie.
Houel, Felicie.
Lebon, M.-R.
Pavy Berthe.
Rabardel, Félicie.
Ribault, Félicité.

—

Lancieux

Huet, Célina.

—

Langrolay

Briand, Rosalie.
Orial Jeanne.
Ravalen, Aurélie.
Rouxel, Marie.

—

Pleslin

Duclos, Marie.
Guillemoto, Henri.
Lemoine, Alph.
Lemoine, Emilie.

Leroy, Rosalie.
Leroy, R.-M.
Réveillard, A.-M.

—

St-Jacut

Philippe, Marie.

—

Trémereuc

Bidan, Marie.
Grumellou, Julie.

—

Trégon

Lemaître, Marie.
Robindenne, Cél.

—

Trigavou

Baugeard, Franç.
Guillet, Anastasie.
Henri, Félicité.
Lebourdais, Marie.
Lemarrec, Alph.
Lemignon, Aurélie.
Lesné, Célina.
Oléron, Jeanne.

CIRCONSCRIPTION DE GUINGAMP

CANTON DE GUINGAMP

Garçons

Dictée. — *Le Citoyen* : Un homme né dans un pays libre et l'habitant est dit citoyen de ce pays. C'est à vingt et un ans seulement, c'est-à-dire au moment où l'on est majeur, que l'on est citoyen de son pays. On perd ce titre et les droits qu'il confère, si l'on est condamné à une peine infamante. Il y a en France plus de dix millions de citoyens. Ils obéissent aux lois françaises qu'ils ont, en réalité, faites eux-mêmes, par l'office de leurs représentants.

Etre citoyen d'un pays confère des droits. Ces droits sont d'abord la liberté. Etre libre, c'est pouvoir penser et agir selon sa conscience et sans gêner l'exercice de la liberté chez les autres.

L'égalité est encore un des droits du citoyen. Tous les citoyens sont égaux devant la loi, c'est-à-dire qu'ils lui doivent une semblable obéissance et qu'ils doivent être tous traités de même, pouvoir arriver aux mêmes fonctions, sans distinction de fortune ou de position sociale.

Calcul. — 1. On mélange 240 Décal. de blé à 18 fr. 50 l'hectol. avec 17 hectol. 5 de blé à 21 fr. l'hectol. et 1350 litres de seigle à 14 fr. 20 l'hectol. ; à combien revient l'hectol. de ce mélange ?

2. Quelle est la longueur d'un rectangle dont la largeur est de 4 mèt., si la surface est équivalente à celle d'un carré de 7 mèt. de côté ?

Rédaction. — Si vous devenez cultivateur, comment traiterez-vous et ferez-vous traiter les animaux domestiques ? Donnez les raisons de votre manière d'agir.

Ont été reçus :

ECOLES DE :

Guingamp

Bescond, François.
Boscher, Henri.
Chermat, François.
Chevert, Louis.
De Coetlogon, H.
Cole, Georges.
Croissant, Maurice.
Cunuder, Auguste.
Dauvergne, Paul.
Guerniou, Joseph.
Hélary, Pierre.
Huet, Alexis.
Jégou, Pierre.
Joncourt, Louis.
Le Coq, François.
Le Flem, Louis.
Martin, Armand.
Morou, Auguste.
Pinson, Charles.
Plusquellec, Franç.
Troadec, Pierre.

—

Ecole privée de Guingamp

Baudour, François.
Benoc'h, Auguste.
Bervét, Yves-Mar.
Blévennec, Jean.
Bouget, Auguste.
Brancès, Adolphe.
Carré, Ange.
Cottin, Jacques.
Le Borgne, Pierre.

Le Camus, Louis.
Le Clerc, Eugène.
Le Gall, Auguste.
Le Page, Jean-L.
Malbert, Alexand.
Prigent, Emile.
Prigent, Pierre.
Raoult, Victor.
Salaun, Jean-Marie
Stéphan, Jean-M,
Thomas, Joseph.
Tirel, Eugène
Couriard, Yves-M.
Courtois, Jean-F.
Desnos, Francis
Dollo, Joseph.
Dolo, Louis.
Evenou, Auguste.
Guéhennec, Joach.
Guerguin, Charles.
Le Bars, Joseph.

—

Coadout
Le Moal, Louis.

Grâces
Turquet, Yves-M.

—

Moustérus
Le Goffic, Yves.
Le Quéré, Guill.
Prioul, Albert.
Radenen, Yves.
Stéphan, Yves.

ECOLES DE :

Plouisy

Bolloc'h, Joseph.
Marquer, René.
Ollivier, Jean-M.

—

St-Agathon

Le Pêcheur, J.-B.

Ploumagoar

Bouuo, Alexis.
Colton, Yves-M.
Hénaff Jean M.
Martin, Jean-Marie.
Mevel, Joseph-M.
Stéphan, Guil.-J.

Filles

Dictée. — *Les vieux Parents.* : Si vous avez le bonheur de conserver longtemps vos vieux parents, n'ayez pas de plus vif désir que de les avoir auprès de vous. La loi se borne à dire : Les enfants doivent les aliments à leurs parents qui sont dans le besoin. Elle oblige les enfants à les nourrir ou à leur donner une pension alimentaire. Mais l'affection et la reconnaissance que vous devez à vos parents exigent plus que la loi. Elles veulent, non seulement, que vous donniez le nécessaire à ceux qui vous ont élevés, mais que vous entouriez de vos soins leur vieillesse, comme ils ont entouré des leurs votre enfance.

Ce n'est pas dans l'isolement que doivent vieillir et mourir les parents : c'est au foyer de leurs enfants. Gardez donc une place dans votre maison à votre père et à votre mère. Supportez avec joie les charges que leurs infirmités peuvent introduire dans votre existence.

Au moment où la vie devient pour eux plus pénible et plus pauvre en jouissances, réchauffez-les et égayez-les par votre tendresse

Calcul. — 1. Un vase est en équilibre sur une balance ; on le remplit d'eau, et pour rétablir l'équilibre il faut 2 poids de 200 gr., 1 poids de 50 gr., et le double-décagr. Quelle est la capacité de ce vase ?

2. Un marchand a acheté 72 mèt. d'étoffe à 3 fr. 40 le mèt. Il en vend les 5/6 à 3 fr. 80 le mèt. ; Combien devra-t-il vendre le mèt. de ce qui reste pour faire un bénéfice total de 50 fr.

Rédaction. — Une de vos amies, qui a 12 ans, prétend qu'elle ne peut être utile à sa mère dans les travaux du ménage. Montrez-lui qu'elle a tort, et racontez-lui ce que vous faites à la maison lorsque vous êtes rentrée de l'école.

ONT ÉTÉ REÇUES :

ECOLES DE

Château

Auffret, Marie-Syl.
Dupré, Anne-Mar.
Huet, Adèle.
Le Guyader, Etien.

St-Sauveur

Cole, Elisabeth.
Le Coz, Marie.
Menguy, Marie.
Minoux, Maria.
Sahuc, Marie.

l'Hospice

Daniel, Jeanne.
Le Bescond, Marie.
Le Goff, Marie.
Lozahic, Honorine.

Ecole des Cantons

Bono, Jeanne.
Cléris, Marie.
Cottin, Louise.
Garrec, Léonie.
Le Gars, Joséphine
Le Lousse, Marie.

L'Hôtelier, Adèle.
Mahé, Marie.

Coadou

Milon, Marie-Jos.

Moustérus

Duot, Marie-L.
Guégan, Marie-An.

Pabu

Herviou, Virginie.

Plouisy

Augel, Françoise.
Kerambrun, A.-M.
Mahé, Anne-Y.

Ploumagoar

Le Dû, Marie-F.
Mazévet, Jeanne-M.
Mazévet, Jeanne-M.
Stéphan, Marie-Jos.

St-Agathon

Guévellou, Franç.

CANTON DE BÉGARD

Dictée — *Utilité de l'hygiène.* — Il y a une foule d'ouvriers qui, de bonne heure, sont pris par des maladies cruelles, parce qu'ils n'ont pas eu les premières notions d'hygiène. Ces notions les auraient empêchés d'entrer dans tel logement malsain, insalubre. S'ils avaient été plus instruits, ils auraient choisi un logement plus éloigné peut-être, mais où ils auraient trouvé des conditions de salubrité qui ne se rencontrent pas au centre de la ville.

Vient la maladie d'un enfant. Quels sont les premiers soins à lui donner ? On l'ignore. On va consulter les voisins, et l'on n'est pas plus avancé qu'auparavant. Quatre voisins, quatre avis différents. Si, au contraire, on avait quelques notions d'hygiène, on pourrait prendre les premières précautions, qui facilitent plus tard le succès du médecin.

Calcul. — 1. Une prairie achetée à raison de 9,400 fr. l'hectare a été payée 28,623 fr. Elle a la forme d'un rectangle et sa largeur est de 164 mètres. Quelle est sa longueur ?

2. Quel est l'intérêt de 2,500 fr. à 4 1/2 0/0 pendant 9 mois.

Rédaction. — Racontez l'histoire d'un paresseux et montrez les conséquences de la paresse.

Garçons

Ont été reçus :

ÉCOLES DE :

Bégard	Landébaëron
Droumaguet.F. *a.g.*	Le Minous, F.-M.
Fécamp, G. *ag. g.*	
Guenveur, Y. *a g.d*	
Le Corfec, P. *ag. g.*	Pédernec
Meurou, P. *ag. g. d.*	
Mével, Yves, *ag. g.*	Bréban. J.-M. *gym.*
Nouyou, J.-B. *ag. y.*	

Filles

Ont été reçues :

ECOLES DE :

Bégard	Pédernec
Auffret, M.-Franç.	Bouget, Marie-Th.
Lahellec, M.-Rosal.	Coualan, Félicité.
Le Marec, M.-Vir.	Filous, Alexand.
	Langlais, Franç.
Landebaëron	
Baudour, Rosalie.	Squifflec
Le Bourhis, M.-F.	Bellégou, Marie-J.

CANTON de BELLE-ISLE-en-TERRE

Dictée. — *Obligation du travail pour tous les hommes :* Tous, riches comme pauvres, nous devons travailler. Socrate, un sage de l'antiquité, disait : « Il est évident que celui qui ne veut pas de métier et ne veut point cultiver la terre a l'intention de vivre de vol, de brigandage et d'aumône. »

Celui qui ne travaille pas, qui ne fait aucun effort pour cultiver son esprit, est envahi par l'ignorance, l'abrutissement, les vices. Sans le travail, nous ne pourrions rien utiliser des matières que nous fournit la nature. Si personne ne travaillait, l'humanité mourrait de faim, de froid de toutes sortes de maladies, etc. Le travail est donc pour chacun une dette à payer, de quelque manière qu'il la paie. Le travail assure la santé et le bien-être. Celui qui aime le travail ne s'ennuie jamais ; il possède en lui la source de l'aisance et des distractions salutaires dans les malheurs de la vie.

Calcul. — 1 Un marchand de bestiaux achète 20 vaches à 360 fr. en moyenne ; il revend chaque bête avec un bénéfice de 30 0/0. Combien gagne-t-il sur son marché ?

2. Un cultivateur a vendu 15 sacs de blé pour la somme de 420 fr. Dites le prix du double-décalitre, sachant que le sac contient 1 hectol. 1/2 ?

Rédaction. — Qu'est-ce que le sel ? Comment l'obtient-on ? Parlez de ses usages.

Garçons

Ont été reçus :

ECOLES DE :

Belle-Isle

Cadiou, Y. *gymast.*
Colichet Louis, *id.*
Fercoq, Franç. *id.*
Guillerm, Fr. *id.*
Le Guern, Louis. *id.*
Malordy, Ernest. *id.*
Nénou, Yves-M. *id.*
Merrien, Alex. *id.*
Person, Emile. *id.*

Sébille, Jules. *gym.*

La Chapelle-Neuve

Auffray, Franç.-M.
Garnier, Jean-B.
Garnier, Yves-M.
Le Bihan, Jean.
Le Lay, Auguste.

ECOLES DE :

Louargat

Rouget, Jos. *gym.*
Pichouron, Prosper.
Rouxel, Yves-M.

St-Eloi

Le Henry, Louis.

Prigent, Jean-Yves.

Plougonver

Foll, Jean-Baptiste.

Tréglamus

Le Roy, F.-M. *g.*

Filles

Ont été reçues :

ECOLES DE :

Belle-Isle

Alexandre, Marie.
Lalès, Aline.
Pivain, Marie-Aug.
Prigent, Catherine.
Sébille, Marie.
Tinévez. Marie.

**La Chapelle-
Neuve**

Le Quéré, An-M.

Locquenvel

Dudoret, Joséphine

Louargat

Autret, Jeanne-M.
Quéron, Jeanne-M.
Scolan, Alexand.
Stéphan, Marie.

Plougonver

Le Cam, M.-Reine.
Le Hénaff, August.
Rivoallan, Joséph.

Tréglamus

Quédal, Marie-P.

CANTON DE BOURBRIAC

Dictée. — *Le Cuir* : Le cuir qui sert à faire nos chaussures est fourni par la peau de certains animaux domestiques, tels que le bœuf, le veau, la vache, le cheval. On distingue dans le commerce plusieurs espèces de cuirs : les cuirs forts destinés à la fabrication des objets les plus grossiers, et les cuirs mous qui servent à faire les chaussures en général et tout ce qu'on appelle ouvrages fins. Les cuirs vernis sont des cuirs mous recouverts d'un vernis brillant. L'odeur particulière des cuirs dits de Russie provient de l'huile de bouleau dont on les imprègne.

Calcul. — 1. La caisse d'épargne postale paie aux déposants un intérêt annuel de 3 0/0. Cet intérêt part du 1er ou du 16 de chaque mois après le versement. Que devra retirer, au 1er janvier 1894, capital et intérêts, une personne qui a pris le 10 juin 1893 un livret de 260 fr.

2. Une chambre rectangulaire a 3 mèt. 25 de longueur et sa largeur est les 4/5 de la longueur. Le tapis qui couvre le plancher a coûté 176 fr. 40. On demande le prix du mèt. carré de ce tapis ?

Rédaction. — Lettre à un jeune ami qui a l'habitude de se moquer de ses camarades, surtout de ceux qui sont affligés de quelque infirmité.

Garçons

ONT ÉTÉ REÇUS :

ÉCOLES DE :

Bourbriac

Bleas, G^me. *gymn.*
Coatrieux, Franç. *g.*
Cojan, François. *g.*
Delarue, Hippol. *g.*
Landouar, Yves. *g.*
Le Goff, Jean.-M. *g.*
Le May, Yves. *g.*
Le Roy, Théoph. *g.*
Loguelou, Jos. *g.*

—

Plésidy

Lozac'h, Henri.

Pont-Melvez

Augel, Guillaume.
Daniel, Louis.

—

Saint-Adrien

Baher, Franç.-Mar.
Daniel, Yves-Marie.
Loilliérou, Isidore.
Merrien, Louis.
Perrodon, R.-J.-M.

Filles

ONT ÉTÉ REÇUS :

ECOLES DE :

Bourbriac

Berre, Véronique.
Henry, Céline.
Hannou, Jeanne-M.

—

Pont-Melvez

Cudennec, Jeanne.
David, Adolphine.
Hervé, Julie.

Kerfant, Françoise.
Stenou, Joséphine.

—

Saint-Adrien

Milon, Agnès.

—

Senven-Lehart

Pioger, Anne-M.
Pioger, Marie.

CANTON DE CALLAC

Garçons

Dictée. — *Respect de la propriété publique :* On n'a point assez, en France, le respect des propriétés et des choses à l'usage du public. Les propriétés communales et spécialement les bois, sont exposées à des maraudes et à des dégâts d'autant plus fréquents que les préjugés répandus parmi les populations n'y font attacher aucune honte. Ce défaut de respect pour les propriétés publiques s'étend bientôt oux propriétés privées et devient pour les propriétaires ruraux une cause de pertes considérables. Il importe de lutter contre ces déplorables tendances.

Habituez-vous donc, mes enfants, à respecter et à soigner tous les objets destinés à un usage public, depuis les tables, les bancs et les murs de l'école, jusqu'aux arbres de la route et de la forêt, aux berges du canal, aux arches du pont, à la façade de l'église, etc.

Calcul. — 1. Un commerçant a acheté 80 tonnes de charbon à raison de 7 fr. 75 le quintal ; il en revend le 1/5 à raison de 8 cent. 1/2 le Kg. et le reste à raison de 39 fr. 60 la tonne. Quel bénéfice a-t-il réalisé en tout ?

2. Un drapier vend 0 m. 80 de drap pour 8 fr. Quelle somme recevrait-il pour 48 m. 1/2 ?

Rédaction. — Dites pourquoi le service militaire est nécessaire, quelle doit-être la conduite d'un bon soldat. Parlez de quelques bons soldats cités dans l'histoire nationale.

ONT ÉTÉ REÇUS :

ECOLES DE :

Callac

Cléran, Jules.
Coulouarn, Franç.
Cozic, Guillaume.
Daniel, Yves.
Débordés, Yves.
Geffroy, Joseph.
Gouzouguen, Y. *g.*
Guennec, Yves.
Guizouarn, Franç.
Le Coz, Yves.
Le Naour, Eugène.
Pinson, Louis.
Téneuff, François.
Tharaval, Joseph.
Touboulic, Al. *g.*
Touboulic, Th. *g.*

Bulat-Pestivien

Huitorel, P.-Marie.
Morvan, Auguste.

Calanhel

Bécam, Pierre.

Carnoet

Bizec, Yves-Marie.
Le Roc'h, Auguste.

Maël-Pestivien

Le Bon, François.

Plusquellec

Faucheur, P.-M.
Guyader, Y.-L.-M.
Le Dilavrec, Y.-M.

Saint-Nicodème

Corbel, Jean-Marie.
Le Bris, Jean-B.
Le Cam, Yves-M.
Le Gall, Yves-Mar.
Merrien, Franç.-M.

Filles

Dictée. — *La Lorraine* : C'est un beau pays que la Lorraine. Regardez la Moselle, la Meuse, la Meurthe, qui ont donné leurs noms à trois départements ; comment ne formeraient-elles pas de belles et riches vallées, des rives délicieuses ? Ce pays est habité par un peuple bon, hospitalier, laborieux, industrieux, pour qui la nature avait beaucoup fait en lui accordant un sol riche, des mines précieuses, des carrières inépuisables.

Si la bravoure est une vertu facile aux Français, il semble que les départements qui touchent aux frontières produisent des hommes plus courageux et plus hardis. La possibilité d'une invasion et la proximité du danger ont développé en eux les qualités militaires ; ils sentent qu'ils sont comme les sentinelles avancées de leur pays et qu'ils ont à veiller plus que les autres sur le sol de la patrie.

Calcul. — Un marchand achète une pièce de drap de 72 m. pour 1,116 fr., 1/3 ayant été gâté ne peut être vendu que les 2/5 de ce qu'il a coûté. Combien faut-il vendre le mètre de ce qui reste pour ne pas faire de perte ?

2. J'achète 74 mèt. de toile à 1 fr. 40 le mètre pour faire une douzaine de draps ; l'ouvrière emploie 15 journées à 2 fr. 25. A combien me revient la paire de draps ?

Rédaction. — Une jeune fille a été autorisée par sa mère à se lier d'amitié avec l'une de ses condisciples dont elle fera sa camarade intime Elle expose, dans une lettre à sa tante, les raisons qui ont déterminé son choix.

ONT ÉTÉ REÇUES :

ECOLES DE :

Callac

Bouédec, Jeanne-M.
Capitaine, Aline.
Follézou, Marie-A.
Guillermic, Louise.
Le Spec, Ambroise.

—

Bulat-Pestivien

Gouranton, Aug.
Hopars, Marie.
Touboulic. J.-M.

—

Duault

Blanchard. Franç.
Le Bris, Marie-A.
Le Gac, Anne-Mar.

Le Lay, Mar.-Anne.
Lostec, Marie.
Mener, Marie-L.
Thomas, Maria.

—

Lohuec

Cam, Françoise.

—

Maël-Pestivien

Le Bouillonnec, G.
Le Verge, Maria.
Philippe, Anne-M.

—

Plourach

Georgelin, Vict.
Le Roc'h, Maria.

CANTON DE MAEL-CARHAIX

Dictée. — *De l'Intempérance :* La tempérance combat l'abus des boissons fortes ; aucun vice n'est plus repoussant que l'ivrognerie.

L'ivrogne n'est plus un homme ; il a perdu la raison, il ne se gouverne plus. Il tient des propos semblables à ceux d'un fou ; son rire est idiot ; sa gaieté est celle d'un insensé ; sa tristesse, son humeur, ses attendrissements stupides nous répugnent. Il sort de cet état l'esprit hébété, l'œil terne, le corps brisé de fatigue, l'âme remplie de honte et de remords.

L'ivrognerie mène à la paresse. Elle est souvent accompagnée du jeu, qui cause la ruine. Elle détruit le sentiment de la famille chez ceux qui consomment en boisson le salaire et l'épargne qui devaient profiter aux enfants et à la femme. Elle conduit quelquefois au crime.

Calcul. — 1. Un ouvrier dépense pour son entretien les 5/6 de ce qu'il gagne. A la fin de l'année, il se trouve avoir mis à la caisse d'épargne une somme de 450 fr. Quel est son gain par jour, en supposant qu'il chôme 65 jours par an ?

2. Dans une boite à base rectangulaire de 0 m 80 de long sur 0 m 40 de large et 0 m 20 de profondeur, on a versé 4 lit. de graines. Combien faudrait-il encore de Décal. pour la remplir.

Rédaction. — Dites d'où venaient les Normands, quel était leur courage et ce qu'ils venaient faire dans notre pays.

Garçons

Ont été reçus :

ECOLES DE :

Maël-Carhaix
Couan, Pierre. *g.*
Penvern, Pierre. *g.*

Filles

Ont été reçues :

ÉCOLES DE :

Maël-Carhaix	**Paule**
Béloeil, Nathalie-F.	Guéguen, J.-L.
Janet, Marie-Eug.	
Jézéquel, Jeanne-L.	

CANTON DE PLOUAGAT

Dictée. — *Purification de l'air par les plantes* : La respiration des végétaux se fait dans des conditions inverses de celle où s'exécute la respiration des animaux. Tandis que les animaux prennent l'oxygène à l'air et le transforment en acide carbonique, les végétaux, sous l'influence de la lumière du jour, absorbent, par leurs feuilles, l'acide carbonique de l'air, s'assimilent le carbone et rejettent l'oxygène au dehors.

Cette seule remarque suffit pour faire comprendre que les arbres plantés dans nos promenades et nos jardins publics sont une cause de l'assainissement de l'atmosphère des villes, où respirent souvent, sur un terrain peu étendu, un nombre considérable d'hommes ou d'animaux. Pendant la nuit, la respiration des végétaux se fait d'une manière inverse ; ils absorbent de l'oxygène et rejettent de l'acide carbonique.

Calcul. — 1. Une famille se compose de 6 personnes. Elle ne gagne en moyenne que 8 francs 75 par jour et travaille 304 jours par an. A la fin de l'année, cette famille place 80 fr. à la caisse d'épargne au nom de chacun de ses membres. Combien a t-elle dépensé par jour ?

2. Un père donne à ses 4 fils un capital qui assure à chacun d'eux un revenu de 0 fr. 50 par jour. Dites quel est ce capital, s'il est placé à 4 0/0.

Rédaction. — Un jeune enfant, en se rendant à l'école, a trouvé un porte-monnaie contenant une certaine somme d'argent. Ses parents étaient absents. Il leur écrit pour leur dire ce qu'il a fait de sa trouvaille.

Garçons

ONT ÉTÉ REÇUS :

ECOLES DE :

Plouagat

Chènais, J-L.-M.
Hélary, Yves-Marie.
Lapersonne, T.-M.
Le Gariff, Franç.-M.
Michel, Franç.-M.
Perrot, Ch.-Fr.-M.
Véler, Pierre-Marie.

—

Bringolo
Goupil, François.

Monnier, Jean.

—

Goudelin
Le Saint, Joseph.
Salaun, Denis.

—

Saint-Jean-Kerdaniel

Moysan, Yves-J.
Sommier, Yves-M.

Filles

ONT ÉTÉ REÇUES :

ÉCOLES DE :

Plouagat

Ballouard, M.-F.
Budes, Marie-L.
Corvaisier, J.-M.
Garel, Honorine-M.
Gorégués, Aline-M.
Guyomard, R.-M.
Richard, Marie-P.

—

Bringolo
Le Corvaisier, A.-M.

Goudelin

Le Voguer, M.-Y.
Lucas, Catherine.
Marquer, Mélanie.

—

Lanrodec

Le Corvaisier, E.
Le Mineur, J.-M.

CANTON DE PONTRIEUX

Garçons

Dictée. — *La Bienveillance :* Aimons-nous les uns les autres. Ce précepte est le plus beau, le plus sublime des préceptes ; toutes les vertus sociales résultent de son application : bienveillance, bienfaisance, dévouement. On estime et on aime les gens bienveillants qui vous abordent le visage et le cœur ouverts, toujours disposés à vous rendre service, à prendre part à vos peines, à vous encourager par de bonnes paroles ainsi que par leurs actes.

L'homme vraiement bon et bienveillant ne limite pas sa bienveillance à quelques personnes qui lui sont sympathiques, il l'étend à tout le monde ; les défauts, les vices ne l'éloignent pas ; il considère que nous sommes tous frères et il s'applique à rendre les méchants meilleurs.

Calcul. — 1. Un tapis a coûté 344 fr. 10 ; sa longueur est de 3 m. 70. Quelle est sa largeur, si le décimètre carré vaut 1 fr. 15 ?

2. A 0 fr. 08 le double décimètre de ruban, quelle est la valeur de 36 m. 2/3 ?

Rédaction. — Qu'est-ce que l'eau ? Indiquez les changements d'état de l'eau. Parlez de de son rôle dans la nature et dans la vie pratique.

ONT ÉTÉ REÇUS :

ECOLES DE :

Pontrieux

Bouguen, Yves.
Cathou, Pierre.
Gélard, Yves-Marie.

Lagadec, Jean-Mar.
Marchal, Paul.
Ollivier, Eugène.
Touarin, François.

ÉCOLES DE :

Ploézal

Fraval, Yves-M.
Le Forestier, J.-M.
Le Guen, Yves.-M.
Sicot, Louis.

Plouec

Herviou, Franç.-M.
Le Gras, Armand.
Le Guern, J.-M.

**Quemper-Gué-
zennec**

Tanguy, Yves-M.

Tiec, Yves-Marie.

Runan

Ollivier, Jean-M.

St-Gilles-les-B.

Le Roux, Yves-M.

Saint-Clet

Ellien, Pierre.
Ménez, Achille.
Moullec, Joseph.

Filles

Dictée. — *De l'Economie :* L'économie consiste dans le bon aménagement de ce qu'on a, dans le soin qu'on prend de le faire durer autant que possible. Une personne économe sait ne rien perdre, ne rien dissiper, n'abuser de rien. Elle évite les plus petites dépenses inutiles. Nous pouvons pratiquer l'économie ; il nous suffit pour cela, de ne pas prodiguer, de ne pas user sans scrupule, de ne pas détruire ce qui est en notre possession ; jouets, vêtements, livres. Une telle destruction est un vol fait à nos parents, qui ont payé de leur argent ce dont nous abusons avec indifférence.

L'épargne va plus loin que l'économie. Quand nous évitons de dépenser un franc inutilement, nous faisons ce qui s'appelle une économie ; si si nous plaçons ce franc à intérêts, nous faisons ce qui s'appelle une épargne.

Calcul. — 1. Un menuisier gagne par jour 6 fr. et travaille 6 jours par semaine. Il parvient à économiser par an le 1/5 de son gain. On demande au bout de combien d'années il aura mis de côté 1,497 fr. 60.

2. Une fermière vend tous les jours une certaine quantité de lait à raison de 0 fr. 90 le Décalit. Au bout d'un mois, elle reçoit 16 fr. 20. Combien a-t-elle vendu de litres de lait ?

Rédaction. — Votre frère ainé vient de partir au service. Il est désolé de vous laisser seule, âgée de douze ans, auprès de votre mère infirme. Répondez-lui et rassurez-le.

ONT ÉTÉ REÇUES :

ECOLES DE :

Pontrieux

Bournadet, Jeanne.
Cormion, Marie
Herviou, Francine.
Huel, Gabrielle.
Le Corre, Cath.
Nallet, Valentine.
Moreau, Maria.
Vozouel, Franç.

Brélidy

Milonet, Jean-M.

Ploézal

Forestier, Rosalie.
Gayic, Rozalie.
Malo, Augustine.

Plouec

Hervé, Francine.
Le Berre, Marie.

Nicolas, Marie-J.

Quemper-Guézennec

Le Calvez, A.-M.
Le Fèvre, J.-M.
Le Houérou, Per.

Saint-Clet

Le Corre, Jeanne-M.
Floc'h, Françoise.

St-Gilles-les-B.

Coquil, Marie-Cath.
Mercier, Francine.
Mével, Françoise.
Péronnès, Anaïs.

Élèves libres

Parlein, Mary-C.
Parlein, Winifred.

CANTON DE ROSTRENEN

Dictée. — *Moyen d'avoir toujours de l'argent dans sa poche* : Ce sera faire acte de bonté que d'indiquer aux personnes qui sont à court d'argent le moyen de pouvoir mieux garnir leurs poches. Je veux leur enseigner le secret de gagner de l'argent et la méthode infaillible pour remplir les bourses vides et la manière de les garder toujours pleines.

Deux simples règles bien observées en feront l'affaire. Voici la première : Que la probité et le travail soient vos compagnons assidus. Et la seconde : Dépensez un sou de moins par jour que votre bénéfice net. Par là, votre poche si plate commencera à s'enfler et n'aura plus à crier jamais que son ventre est vide ; vous ne serez pas maltraité par des créanciers, pressé par la misère, rongé par la faim, glacé par la nudité. Le ciel brillera pour vous d'un éclat plus vif et le plaisir fera battre votre cœur.

Hâtez-vous donc d'observer ces règles afin d'être heureux. FRANKLIN.

Calcul. — 1. Un cultivateur achète 17,850 kilog. d'engrais à 6 fr. 75 les 100 kilog. On lui fait 4 fr. 50 0[0 de remise. Il a payé comptant 475 fr. Combien doit-il vendre de double-Décal. de blé à 18 fr. l'hectolitre pour acquitter le reste de sa dette ?

2. Un train fait 27 klomèt. à l'heure et part à 10 heures du matin. A quelle heure sera-t-il à 126 kilomèt. du point de départ ?

Rédaction. — Connaissez-vous des hommes qui ont rendu de grands services à la

France ? Citez-en deux ou trois ; dites ce que vous en savez et faites connaître surtout les services qu'ils ont rendus.

Garçons

Ont été reçus :

ÉCOLES DE :

Rostrenen
Berthelot, Eugène.
Briand, Charles.
Briand, Pierre-M.
Cozic, Yves.
Dilaurec, Yves-M.
Faucheur, Aug.
Gosson, Jean-L.
Guyomard, Y.-L.
Hervé, Yves-Marie.
Laizet, Franç.-M.
Le Floc'h, P.-M.
Le Louarn, Jos.-M.
Le Mogne, Jos.-M.
Le Rudulier, J.-M.
Masson, Yves-M.
Minez, Charles.-M.
Vesque, Edm.-L.

Vétel, Pierre-Marie.

Glomel
Le Faucheur, P.-M.

Bonen
Garnier, Jean-M.

Kergrist-Moëlou
Saint-Jalmes, Y.-L.

Plounévez-Quintin
Guillossou, Yves.
Mériadec,

Filles

Ont été reçues :

ECOLES DE :

Rostrenen
Boncors, Anna.
Boncors, Camille.
Cloarec, Louise.
Georgelin, Anna.
Guéguen, Louise.
Guellec, August.
Guilloux, Marie.-A.
Joanno, Marie-Jos.

Luyer, Marie-A.
Nogré, Rose.

Glomel
Le Roux, Berthe.

Plouguernével
Dion, Jeanne-M.

CANTON DE St-NICOLAS-DU-PÉLEM

Dictée. — *Respect de la propriété d'autrui :*
La propriété s'acquiert par la bonne conduite,
le travail, l'ordre et l'économie ; elle doit être
sacrée pour tous et il est criminel d'y toucher.
Ceux qui ont acquis par leur travail un certain
avoir doivent avoir le droit de le transmettre à
leurs enfants. Rien n'est plus légitime que le
droit d'hérédité. C'est pour leurs enfants le plus
souvent que les parents travaillent, pour leur
créer une situation, et il serait fort injuste et
fort nuisible au progrès général que d'enlever ce
mobile à leur activité.

Il y a une sorte de propriété que nous devons
aussi respecter ; c'est celle de l'Etat. Certaines
gens disent et se figurent que voler l'Etat n'est
pas voler. C'est une grossière erreur : voler l'E-
tat, c'est voler tout le monde, car l'Etat, c'est la
nation tout entière. Ceux qui fraudent à la
douane ou à l'octroi sont des voleurs, aussi bien
que celui qui dérobe le bien de son voisin.

Calcul. — 1. Une pièce de vin contenant
225 litres a été achetée 112 fr. 50. Quel bénéfice
fait-on en la revendant au détail par bouteilles de
0 lit. 75 au prix de 0 fr. 90 la bouteille ?

2. Un homme peut faire à pied 6 kilomètres à
l'heure : combien de temps mettra-t-il pour faire
14 kilomètres ?

Rédaction. — Inventez une petite histoire
dans laquelle vous raconterez que plusieurs voisins se sont unis pour secourir un père de famille très pauvre, qui n'a que de jeunes enfants
et qui, malade, ne pouvait cultiver son champ.

Garçons

ONT ÉTÉ REÇUS :

ÉCOLES DE :

St-Nicolas-du-Pélem

Cozic, Charles.
Gaulé, Yves-Marie.
Gouriou, Jean-L.
Grandvarlet, J.-L.
Lucas, Alexandre.
Mordelet, Ernest.
Provost, Jean-L.
Roux, Yves.

Kerpert

Le Garzic, Théop.

Lanrivain

Lucia, Jules.

Peumerit-Quintin

Michel, Jean.

St-Gilles-Pligeaux

Bily, Pierre.
Cloarec, Pierre.
Floury, Yves.
Henry, Guillaume
Le Mercier, Isid.

Sainte-Tréphine

Milin, Jean-Marie.

Filles

ONT ÉTÉ REÇUES :

ECOLES DE :

St-Nicolas-du-Pélem

Bosson, Julie.
Féry, Louise.

Sainte-Tréphine

Cabaret, Marie.

CIRCONSCRIPTION DE LANNION

CANTON DE LANNION

Garçons

Dictée. — *La Civilisation en Gaule :* Au cinquième siècle de notre ère, il y avait dans la ville d'Autun des écoles florissantes où les riches Gaulois envoyaient leurs enfants. On y lisait avec passion Cicéron et Virgile ; on y faisait de belles harangues qui charmaient les délicats ; on s'y livrait à tous les raffinements de l'esprit, à toutes les élégances de la vie ; et pendant qu'élèves et maîtres s'enivraient de paroles pompeuses, qu'aux jours de fête les associations parcouraient joyeusement la ville, avec leurs musiques et leurs drapeaux, on ne s'apercevait pas que, dans la campagne, les paysans révoltés se rassemblaient pour se jeter sur les maisons des riches, que les Goths passaient le Rhin sur la frontière, et que la barbarie s'apprêtait à couvrir le monde.

Calcul. — 1. Un magasin ayant 4 m. 50 de long et 3 m 60 de large est rempli de blé jusqu'à une hauteur de 0 m. 80. L'hectolitre de ce blé pèse 76 Kg. On vend ce blé à raison de 19 fr. 75 le quintal métrique. Combien doit-on recevoir ?

2. Un pré qui a coûté 6,400 fr. à son propriétaire est loué par lui 260 fr. par an. Le propriétaire paye 20 fr. d'impôts par an. A quel taux a-t-il placé son argent ?

Rédaction. — Un de vos amis vous a demandé des renseignements sur un jeune homme de votre commune qui voudrait entrer chez son père comme domestique. Vous considérez la famille de ce jeune homme comme un modèle sous le rapport des sentiments qui doivent en unir les différents membres ; vous citez ces membres, et vous dites comment ils comprennent leurs devoirs à l'égard les uns des autres. Vous pensez que le jeune domestique saura remplir les siens à l'égard de son patron.

ONT ÉTÉ REÇUS :

ECOLES DE :

Ecole communale de Lannion

Perrin, Stan. *gym.*
Boëc, Pierre. *id.*
Kéveur, Théot. *id.*
Jannin, Jean. *id.*
Geffroy, Emile. *id.*
Guilcher, Emm. *id.*
Kerbrat Gab. *id.*
Le Noan, Jean. *id.*
Corre, Pierre. *id.*
Le Moan, Emile. *id.*
Abraham, Hipp. *id.*
Durand, Emile. *id.*
Allanou, J.-M. *id.*
Bris, Pierre. *id.*
Guilcher, Alex. *id.*

Ecole des Frères

Le Corre, Alexand.
Quenven, Charles.
Madec, Yves.
Le Houérou, Jos.
Quemper, Yves.
L'Hévéder, Joseph.
Thomas, Yves-M.
Briand, Jules.
Le Roy, Yves.
Guégan, Charles.

Le Vot, Pierre.
Kerambrun, Ch.
Méléard, Hyac.
Carluer, François.
Ropers, Auguste.
Guiot, Jean.
Rouxel, Francis.
Prud'homme, Jean.
Le Corre, L.
Montréer, Joseph.
Guyomar, E gène.
Le Glas, Auguste.
Geffroy, François.
Le Roy, Etienne.
Goasdoué, Yves-M.
Le Caër, Yves.
Morvan, Joseph.
Mériadec, Jean.
Cavan, Jean-Bapt.
Unvois, Joseph.

—

Buhulien

Mironnel, F.-M.
Geffroy, Pierre-M.

Ploubezre

Nédélec, Jean-B.
Le Terrien, Arsène.
Tanguy, Jean-B.

ECOLES DE :

L'Emellet, F.-M.
Guyomar, L.-M.

—

La Lande
Bihan, Pierre.
Tanguy, Emm.

—

Ploulec'h
Allain, Joseph.

Derrien, Yves.

—

Rospez
Lonquer, Franç.-M.

—

Servel
Turquet, G⁻-M.
Even, Eugène.
Menou, Pierre-M.

MATIÈRES COMPLÉMENTAIRES. — Élèves déjà pourvus du Certificat

Ecole communale de Lannion
Berthet, Ch. d ag.
Nicolas, J.-L. d. g.
Berthet, Félix. ag.
Créac'h, P. d. ag. g.

Hamon. Auguste. g.

—

Servel
Ménou, Hyac. ag.
Le Guillou, J.-M. ag.

Filles

Dictée. — *Les Lapins en Australie* : D'un naturel craintif, lorsque les lapins sont poursuivis par les chiens, leur peur n'a plus de limites : ils traversent les rivières, ils grimpent même sur les arbres à une hauteur de quatre ou cinq mètres. Au contraire, dans les régions où ils ne sont pas chassés, ils s'asseoient devant leurs terriers et vous regardent passer ; les voitures mêmes ne les dérangent pas. En été, pour se garantir du soleil, ils se mettent parfois à l'ombre projetée par un mouton. Tout en préférant les contrées où ils trouvent facilement de l'eau, ils vivent aussi dans les régions les plus sèches où ils paraissent plus maigres et souvent perdent leurs poils. Lorsqu'ils ont mangé l'herbe, l'écorce des arbres, les feuilles sèches, ils s'attaquent aux racines et vivent là où en apparence on ne voit rien à manger pour eux.

Calcul. — 1. Un marchand a acheté 215 m. 60 de toile à 2 fr. 20 le mèt. ; il revend les 2/7 de la pièce à 1 fr. 95 et le reste à 2 fr. 40 le mètre. A-t-il gagné ou perdu ? Combien et combien pour 100 ?

2. Deux champs ont ensemble une superficie de 2 hectares. L'un a 24 a 60 de plus que l'autre. Quelle est la valeur de chacun à 23 fr. l'are ?

Rédaction. — En étudiant l'histoire de France, vous avez appris à connaître plusieurs femmes qui ont joué un rôle important. Quelle est, parmi elles, celle que vous préférez. Vous raconterez sa vie, et vous direz pourquoi vous l'admirez et vous l'aimez.

ONT ÉTÉ REÇUES :

ÉCOLES DE :

Ecole communale de Lannion

Provost, August.
Riché, Emile.
Kerambrun, Emilie
Brignonen, Rose.
Caradec, Blanche.
Derrien, Marie.
Quenven, A.-M.

Ecole de la Providence

Arzur. Francine.
Bourgault, Anna.
Donval, Françoise.
Flanchec, Marie.
Le Dret, Marie-Yv.
Le Merdy, Eugenie.
Le Moan, Anna.

Querrec, Nathalie.
Toudic, Rose.

Brélévenez

Jaffry, Marie.
Le Bras, Const.
Le Naïlio, Irma.

Ploubezre

Keraudren, Marie.

Rospez

Calvez, Françoise.
Godé, Leonie.
Lan ou, Joséphine.

MATIÈRES COMPLÉMENTAIRES. — Élèves déjà pourvues du Certificat

**Ecole de la Pro-
vidence**

Allain, Ant. *d. ag.*
Bourgault, R. *ag.*
Delalande, J. *d. ag.*
Le Calvez, H. *d. ag.*
Dolo, Virginie. *ag.*
Fraboulet, M.-T. *ag.*
Le Fichant, M. *ag.*
Le Moan, Marie. *ay.*
Mildow, Mary. *dess.*

**Ecole de Plou-
bezre**

Fichant, M. *d. ag.*
Le Rune, L. *d. ag.*
Terrien, Mat. *d. ag.*
Le Men, Franc. *ag.*

—

**Ecole de Brélé-
venez**

Le Bras, Madel. *ag.*
Hamon, Franc. *ag.*

CANTON DE LA ROCHE-DERRIEN

Dictée. — *Paroles d'un Patriote* : Pour moi, je sais bien que, si je retirais de moi-même certains sentiments et certaines idées, l'amour du sol natal, le long souvenir des ancêtres, la joie de retrouver mon âme dans leurs pensées et dans leurs actions, dans leur histoire et dans leur légende ; si je ne me sentais partie d'un tout dont l'origine est perdue dans la brume et dont l'avenir est indéfini ; si je ne tressaillais pas au chant d'un hymne national ; si je n'avais pas pour le drapeau le culte d'un païen pour une idole, qui veut de l'encens et, à de certains jours, des hécatombes ; si l'oubli se faisait en moi de nos douleurs nationales, vraiment, je ne saurais plus ce que je suis, ni ce que je fais en ce monde. Je perdrais la principale raison de vivre.   LAVISSE.

Calcul. — Un cultivateur achète 3 bœufs 2,400 fr. ; au bout de 3 mois, il les revend 915 fr. chacun. Quel a été son bénéfice, sachant qu'il a dépensé 235 fr. pour leur nourriture, et que s'ils ne les avait pas achetés, les 2,400 fr. du prix d'achat lui auraient rapporté intérêt à 4 0/0 par an ?

2. Un verre d'une capacité de 1 décilitre 6 centil., est exactement rempli d'eau. On y plonge 4 dés à jouer ayant chacun un volume de 1 centimètre cube. De l'eau s'écoule : quel est le poids de celle qui est restée dans le verre ?

Rédaction. — *Une Bataille au Moyen-Age :* Vous décrirez l'une des batailles que vous connaissez parmi celles qui ont été livrées de l'an 1200 à l'an 1400. Vous direz à quelle occasion les ennemis se sont trouvés en présence : vous dépeindrez les combattants, leurs armes, la manière d'en faire usage, et vous montrerez quelles ont été les conséquences de la bataille.

Garçons

Ont été reçus :

ECOLES DE :

La Roche
Le Flem, René.
Toudic, Louis.
Le Goaziou, Louis.
Adam, Pierre.

—

Pommerit-Jaudy
Coadou, Joseph.
Jégou, Pierre.
Calvez, Yves Marie.
Le Roux, Jules.
Le Flour, Albert.
Quintin, Y.-M. *y.*

—

Prat
Geffroy, Eugène.
Prigent, Louis.

Quemperven
Gonidec, Jean-M.
Balcou, Yves-M.
Corfec, Jean-Louis.
Rouzault, Pierre.
Rollaud, Yves-M.

—

Coatascorn
Le Bail, Joseph.
Le Bail, Louis.

—

Ecole de Hengoat
Guillou, Yves-M.
Krain, Désiré.
Le Corre, Yves-M.
Goaziou, Yves-M.

Filles

ONT ÉTÉ REÇUES :

ECOLES DE :

La Roche

Gélard, Jeanne.
Laveuve, Marthe.
Bellec, Marie-Ol
Mary, Adèle.
Le Bras, Zenaïde.
Gallou, Solange.
Coursin, Louise.
Béza, Léocadie.
Le Bian, Anne-M.

—

Berhet

Barbe, Pauline-M.

—

Cavan

Simon, Françine.
Menguy, Anne-M.
Bléjean, Perrine.
Godé, Marie-L.

—

Hengoat

Cotel, Françoise.

Illiet, Léonie.

Pommerit-Jaudy

Even, Victoire.
Page, Marie.
Prigent, Léontine.
Kerrien, Jeanne-Y.

—

Ecole communale de Prat

Morvan, Rose.

—

Ecole privée de Prat

Le Corre, Maria.
Hamel, Pauline.
Droumaguet, Jos.

—

Quemperven

Adam, Marie-L.
Calvez, Marie.

MATIÈRES COMPLÉMENTAIRES. — Élèves déjà pourvus du Certificat

Ecole de la Roche

Le Goaziou, A. d. ag.
Le Flem, P. gym.
Toudic, Louis. id.
Le Goaziou, L. id.
Adam, Pierre. id.

—

Ecole de Quemperven

Buzulier, J.-L. ag.

Gonidec, J.-M. gym.
Corfec, Jean-L. id.
Rolland, Y.-M. id.

Ecole de la Roche. — FILLES

Carion, C. dess. ag.
Coualan, Jos. d. ag.
Le Goff, R. d. agr.
Raoul, Marie. dess.
Le Houérou, J. d.

CANTON DE LÉZARDRIEUX

Dictée. — *Le Chien de Berger* : Le chien de berger est remarquable par sa sagacité. Au bout de peu de temps, il comprend chaque signe, chaque regard du berger. Un observateur digne de foi assure avoir entendu un berger recommander à son chien de faire respecter les champs de colza ; le chien parut hésiter un moment ; il n'avait probablement jamais entendu ce mot ; seigle, blé, avoine, orge, prairie, champ, c'étaient là les choses connues ; mais le colza ! Que faire ? Il fit le tour du troupeau, examina chaque champ l'un après l'autre et s'arrêta devant celui dont la récolte lui était inconnue : ce devait être là le champ de colza ; ce l'était en effet.

Calcul. — 1. On a mélangé 200 litres de vin à 0 fr. 50 le litre avec 300 litres de vin d'une autre qualité. Sachant que la valeur d'un litre de vin de ce mélange est de 0 fr. 65, on demande le prix du litre de la 2e qualité.

2. On a acheté du bois de chauffage à raison de 21 fr. 50 la corde, c'est-à-dire 2 st. 25. Les bûches ont 0 m 80 de longueur et sont disposées en un tas régulier ayant 18 m. 50 de longueur et 2 m. 50 de hauteur. Combien a-t-on dû payer ?

Rédaction. — Un de vos camarades, voyant la devise républicaine inscrite sur un édifice public, l'a mal comprise et critiquée. Votre maître, que vous avez questionné à ce sujet, vous l'a expliquée, et vous a montré en quoi elle a relevé la dignité humaine, en quoi elle est juste et en quoi elle est belle.

A votre tour, vous écrivez à votre ami pour lui donner des explications.

Garçons

ONT ÉTÉ REÇUS :

ECOLES DE :

Lézardrieux

Mordelet, Augustin.
Polard, Léon.
Le Floc'h, Jean.
David, Charles.
Nicolas, Jean.
Renault, Albert.

Kermouster

Briand, Emile.

Kerbors

Feutren, Abel.
Kerambrun, J.-B,
Le Carérès, Arm.
Geffroy, Alexis.
Morvan, Léon.

Lanmodez

Cathou, Jean-M.

Pleublan

Le Merrer, Yves-M.
Riou, Yves-Marie.
Le Nicol, Guil.-M.
Bihan, Arthur.
Le Collen, Franç.
Le Morvan, Joseph.
Moullec, Charles.

Derrien, Guillaume
Féchant, Pierre.
Le Tiec, Yves-M.

Pleumeur-Gau-thier

Le Mevel, Paul.
Grégoire, Jean.
Le Quellec, Emile.
Coadou, Yves-M.
Le Hénaff, Célestin.
Henry, Guillaume.
Pérou, Yves-M.
Terrien, Yves-M.
Raoul, Guillaume.

Pleudaniel

Guézennec.
Clatio, François.
Calvez, Jean-L.
Le Goff, Hyacinth.
Bescond, Olivier.

Trédarzec

Daniou, Jean-M.
Lucas, François-M.
Paranthoën, Ch.
Boustouler, Fr.-M.
André, Yves-Marie.

Filles

ONT ÉTÉ REÇUES :

ECOLES DE :

Lézardrieux

Coatanoan, An.-M.
Le Gall, Célestine.
Le Flem, Pauline.

Lé Berre, Marie.

Kerbors

Le Goaziou, M.-Cél.

ECOLES DE :

Lanmodez

Le Bivic, Maria,
Milon, Mélanie.

Ecole commun. de Pleubian

Meudal, Marie-Yv.
Chevanton, Virgin.
Kerleau, Adèle.
Callennec, Mar.-F.
Le Bars, Anne-M.
Urvoy, Franchie.
Moullec, Maria.

Ecole de privée de Pleubian

Troadec, Eugénie.
Meudal, Jeanne.
Morvan, An.-Marie
Garel, Amélie.

Guilcher, An-M.

Ecole privée de Pleudaniel

Kerroux, Marie.
Chalony, Angéliq.
Le Bescond, Eugén.

Ecole commun. Pleumeur-Gautier

Le Roux, Catherine
Labarre, Marthe.
Coail, Maria.
Quellec, Maria.
Seguillon, Leonie.
Perrot, Marie-L.
Discord, Julie.

Trédarzec

Maillot, Jeanne-M.

MATIÈRES COMPLÉMENTAIRES. — Élèves déjà pourvus du Certificat

Ecole de Pleubian

Le Prunennec, J. d.
Bohu, Paul.　　d.

Ecole de Lézardrieux. — FILLES

Flaman, Aimée. d.
Lasbleiz, Sidonie.d.
Thomas, Marie. d.

CANTON DE PERROS-GUIREC

Dictée. — *Une invasion :* Une petite ville australienne fut envahie en juin dernier par une armée de lapins. Ils établissent leurs terriers sous les maisons de bois construites sur pilotis, selon la mode du pays ; ils dévastent les jardins. Souvent on les trouve, le matin, blottis contre les portes des maisons. L'inspecteur du bétail déclare en avoir vu, plusieurs fois, sous son lit, les enfants les chassent à coups de pierres, en allant à l'école ; les boutiquiers se voient forcés de protéger l'entrée de leur magasin par des barrières mobiles, et d'employer des hommes et des chiens pour se garder contre l'ennemi, C'est une guerre en règle ; le maire doit établir un service de voirie pour enlever, par tombereaux, les cadavres des lapins et les envoyer brûler en dehors de la ville.

Calcul. — 1. On achète au prix de 130 fr. une barrique de vin de 225 litres. Les droits de régie et d'octroi s'élèvent à 24 fr 50, les frais de transport à 10 fr. 50 On met ce vin dans des bouteilles contenant 0 l. 75. A combien revient la bouteille ?

2. Un vase vide pèse 294 gr On l'emplit d'eau et on le place sur l'un des plateaux d'une balance. Pour établir l'équilibre, il faut mettre dans l'autre plateau 14 pièces de 5 fr. en argent et 24 décimes en bronze. Quelle est sa capacité ?

Rédaction — Comment vous y prenez-vous à la maison pour allumer du feu ? Quel combustible employez vous ? Comment le disposez-vous dans la cheminée, et comment activez-vous la combustion ? Que devient le combustible employé ?

Garçons

Ont été reçus :

ÉCOLES DE :

Perros-Guirec

Droumaguel, Jos. g.
Le Goff, Joseph. g.
Cloarec, Henri. g.

Le Saux, Yves. g.
Bourdoulous, J. g.
Boulier, Désiré. g.
Le Bras, Alfred. g.

ECOLES DE :

Queffeulou, L g.
Charlemagne, A. g.
Gaouyat, Franc. g.

Kermaria-Sulard

Broudic, Julien.
Olivier, Charles. g.
Le Flem, J.-M. g.

Louannec

Le Rolland, P.-M.
Daniel, Yves-M.
Rémond F.-Marie.
Bodiou, Eugène.
Ménou, Joseph.
Lageat, Yves Mar.
Bourdellès, Fr.-M.

Pleumeur-Bodou

Riou, Franç.-M.
Lannou, Théophile.
Pincemin, Louis.

Trégastel

Keraudren, Joseph.
Le Luron, F.-M.
Le Bivic, Théoph.

Trébeurden

Briant, Théophile.
Cam, Alfred.
Croguennec, Arth.
Lecorgne, J.-Bapt.
Libouban, Léon

Trélévern

Merrien, Joseph.
Gouriou, Y.-M.
Poulennec, J.-F.

St-Quay

Mordellès, Henri-F.
Le Calvez, J.-M.
Martrel, Franç.-M.
Prigent, Jean-L.

Filles

ONT ÉTÉ REÇUES :

ECOLES DE ·

Perros-Guirec

Duchêne, Louise.
Guelou, Catherine.
Guillou, Francine.
Le Moal, Francine.
Poin, Anne-Marie.
Tadié, Elisa.

Kermaria-Sulard

Legérou, Julia.

Louannec

Queffeulou, An-Y.
Couls, Philomène.

Calvez, Marie.
Prigent, Alexand.
Pezron, Francine.
Quellec, Adrienne.
Geffroy, Jeanne.

Pleumeur-Bodou

Rolland, Joséphine.
Rouzic, Julie.
Barzic Louise.
Lissillour, Philom.
Terleau, Jeanne-M.
Philippe, Jean.-M.

ECOLES DE :

Ploumanac'h

Dagorn, Bernad.
Guillermot, A.-M.
Crechriou, Claire.
Penanhoat, Franc.

—

Trébeurden

Lissilour, Adèle.
Le Drel, Léontine.

Trégastel

Le Roy, Jeanne.
Keraudren, Franc.
Le Couls, Marie-J.
Guellaën, An.-M.

Trélévern

Crocq, Jeanne M.
Galès, Maria.
Lozahic, Jean.-M.

—

Trévou-Tréguignec

Marrec, Marie-L.
Graviou, Marie.
Quellec, Françoise.

St-Quay

Kerroux, Antoin.
Morvan, Françoise.
Kerroux, Marie.

MATIÈRES COMPLÉMENTAIRES. — Elèves déjà pourvues du Certificat

Ecole de filles de Perros-Guirec

Geffroy, Mél. *a. d.*
Geffroy, An.-M. *a d.*
Bricquir, Fr. *a. d.*
Bricquir, M. *a d.*
Le Corre, J. *a. d.*
Le Meur, Fr. *a d.*
Ollivier, Jean. *a. d.*

Tréfol, Marie. *a. d.*

—

Ecole de Louannec

Fouler, Aline. *a.*
Rolland, A.-M. *a. d.*
Cozannet, M. *d.*
Lissillour, M.-L. *a d.*
Cojean, Jos. *a. d.*

CANTON DE PLESTIN-les-GRÉVES

Dictée. — *Les Gaulois* : Un caractère commun de toute la race gauloise, c'est qu'elle est irritable et folle de guerre, prompte au combat ; du reste simple et sans malignité Si on les irrite, ils marchent ensemble droit à l'ennemi et l'attaquent de front sans s'occuper d'autre chose. Aussi, par la ruse, on en vient aisément à bout ; on les attire au combat quand on veut, peu im-

portent les motifs ; ils sont toujours prêts, n'eus-
sent-ils d'autre arme que leur force et leur au-
dace.

Forts de leur haute taille et de leur nombre,
ils prennent volontiers en main la cause de celui
qu'on opprime. Ils sont susceptibles de culture
et d'instruction.   MICHELET.

Calcul. —L'huile d'olive vaut 2 fr. 80 le kg.
A ce prix, quelle est la valeur d'un fût contenant
148 litres de cette huile, si le litre pèse 912 gr. ?

2. Une somme en pièces de 20 fr. pèse 200 gr.
Combien, avec cette somme, pourait-on acheter
de tonnes métriques de foin, à raison de 31 fr.
les 500 kg. ?

Rédaction.—Qu'est-ce qu'un canal ? Biefs,
écluses, traversée d'une écluse par un bateau ;
canaux latéraux et canaux de jonction. Citez les
principaux canaux français. Quel est le plus an-
cien ? Que savez-vous sur le canal du Midi ?
Quels sont les avantages des canaux et les marchandises qu'ils servent à transporter ?

Garçons

ONT ÉTÉ REÇUS :

ECOLES DE :

Plestin-les-Grèves

Fournis, Franç.-L.
Heurtault, Albert.
Huon, Yves.
Le Cuziat, Joseph.
Taoc, François.
Taoc, Yves-Marie.

Lanvellec

Geffroy, Albert.

Locquémeau

Dizès, Jean-Franç.
Donval, Guill.
Le Gall, Victor.

Ploumilliau

Bihan, Jean-Bapt.
Cresseveur, Michel.
Diguerher, Isidore.
Duval, Franç.-M.
Floch, Joseph.

ECOLES DE :

Nicolas, Jean-F.
Ollivier, Franç.-M.

—

Plouzélambre

Piolet, François.
Thomas, Jean-F.

Trédrez

Guerson, Franç.-M.
Coadalen, Yves-M.
Le Gall, Pierre-M.

—

Uzel (Trémel)

Ogés, Yves.
Omnès, Yves.

Filles

ONT ÉTÉ REÇUES :

ÉCOLES DE :

Plestin-les-Grèves

Cuz at, Alice.
Le Rumeur, Marie.
Ribouay, Marguer.
Toquer, Catherine.
Nicolas, Héloïse.

—

Keraudy

Caliac, Louise.
Calvez, Joséphine.

—

Lanvellec

Bourhis, Anne-M.
Le Bras, Marie-Y.

—

Ploumilliau

Floc'h, Marie.

Kerboriou, Eulalie.
Le Roux, Anne-M.
Nicolas, Emilie.
Ollivier, Marie.
Salaun, Françoise.

—

Plufur

Chauvel, Lucie,
Geffroy, Jeanne-M.
Lachiver, Franç.
Julien, Jeanne.

—

Ecole congréganiste de Trémel

Coadalen, Mar.-Y.
Huet, Maria.

MATIÈRES COMPLÉMENTAIRES. — Élèves déjà pourvus du Certificat

Ecole de Plestin

Le Gall, Aug. d. a.
Guézennec, P.   a.
Kerirzin, Fr. d. a.
Laplanche, P. d. t.
Cadiou, Y.   d. a.

Ecole de Trédrez

Allain, Quém. d. a.

Ecole de Lanvellec. — FILLES

Tynevez, Cath. d.

CANTON DE PLOUARET

Dictée. — *La Hollande et les Hollandais :* C'est un petit pays et un grand peuple, grand par son histoire, par son énergie, par son activité, par l'héroïsme de ses guerres, son amour de la liberté, sa vie familiale, sa persévérance, ses triomphes sur la nature, le génie de ses artistes. Terre ingrate que la sienne, conquise en partie sur la mer, toute trempée d'eau, plate, monotone, habituellement enveloppée d'un ciel bas, sombre, triste, ruisselant, qui se confond avec les canaux, les estuaires, la mer grise. Mais quand le ciel s'élève, que le soleil brille, tout s'égaie dans les Pays-Bas. Les villages sont coquets, les jardins remplissent l'air de doux parfums, et les villes, se mirant dans les canaux, méritent d'être comparées à Venise.

Calcul. — Un marchand achète un troupeau de moutons pour 1849 fr. Il en revend 16 pour 388 fr. en faisant un bénéfice de 2 fr. 75 par mouton. Combien le troupeau comprenait-il de moutons en tout ?

2. Deux cultivateurs manquant, l'un de blé, l'autre d'avoine, font un échange. Ils estiment que l'hectolitre de blé, vaut 16 fr. 50 et que 2 quintaux de blé valent 3 quintaux d'avoine. L'hectolitre de blé pèse 78 Kg et l'hect. d'avoine 48 Kg. A combien est estimé l'hectol. d'avoine ?

Rédaction. — En revenant de l'école vous avez vu un ivrogne couché au bord de la route. Vous écrirez à l'un de vos amis pour lui faire part des réflexions que vous avez faites à ce sujet : ce que devient la dignité humaine par suite de l'intempérance ; les conséquences au point de vue de la santé ; au point de vue de la famille. Vous concluez.

Garçons

ONT ÉTÉ REÇUS :

ECOLES DE :

Plouaret

Prigent, Franç. *g.*
Lescop. Louis, *g.*
Jacob, Y.-M *g. d.*
Sidaner, F.-M. *g.*
Dronies, Fr.-n. *g.*
Mercier. H. *g. d.*
Cuziat, F.-M. *g.*
Lamoulier, J.-M. *g.*
Manach, J.-M. *g.*
Le Gac, Guil. *g.*

Vieux-Marché

Libouban, Pier. *g.*
Hamon, L.-M. *g.*
Rémond, Pierre. *g.*

Loguivy-Plou-gras

Bihan, Fr.-Mar. *g.*
Fustec, J.-Aubin. *g.*
Guichebard, F.-M. *g.*
Gu chebard, Y.-M. *g.*
Coïc, Yves-Mar. *g.*
Menez, Yves-M. *g.*
Décote, Franç.-M. *g.*

Plougras

Le Jean, Jean-Y.
Fichou, Franç.-M.
Merrer, Jean-Yves.

Callarec, Auguste.

Plounérin

Le Dû, Franç.-M.

Plounévez-Moë-dec

Carion, J-M *gym.*
Piolot, Guil-M. *id.*
Rousseau, Jona'. *id.*
Kerleau. Alexis. *id.*
Garandel.Y.-M *id.*
Prigent, F.-M. *id.*
Roy, Auguste. *id.*
Manac'h, Guill. *id.*

Pluzunet

Le Guillouzic, A. *g.*
Le Guillouzic,E. *id.*
Noël, Louis-J. *id.*
Le Guillouzic, F. *id.*
Quéré, Theoph *id.*
Kérivoal, Franç. *id.*
Le Mogue, J-F. *id.*

Tonquédec

Bellec, Léon.
Le Bozec, Y-M.
Piérès, Auguste.
Poulennec, F.-M.
Couzigou, Eugène.

MATIÈRES COMPLÉMENTAIRES. — Elèves déjà pourvus du Certificat

Ecole de Ploua-ret

Durand, Franç. *des.*

Ecole de Vieux-Marché

Garaudel, G. *dess.*

Filles

ONT ÉTÉ REÇUES :

ÉCOLES DE :

Plouaret

Lescop, Joséphine,
Levier, Eugénie.
Querrec, Joséph.
Le Sec'h, Adèle.

Vieux-Marché

Nicolas, Alexand.
Le Gac, Perrine.
Nicolas, Perrine.
Nicolas, Jeanne.
Cuziat, Jeanne-M.
Marziu, Joséphine.
Doyen, Adèle.
Madec, Anne-Mar.
Le Morvan, Léonie.
Kerrurien, J.-M.
Quéré, Annette.

Loguivy-Plougras

Broudic, Jeanne.
Le Gall, Anne-M.
Boëté, Anne-Marie.

Plougras

Fichou, Vict.-M.
Le Lagadec, Marie.
Le Goff, Ambrois.
Neuder, Mélanie.

Jaouen, Marie-F.

Plounérin

Tilly, Joséphine.
Taillanter, Anne.
Thoraval, Marie.
Thos, Jeanne-M.

Plounévez-Moëdec

Hénaff, Jeanne.
Le Roy, Joséphine.

Pluzunet

Cojean, Marguer.
Quéré, Joséphine.
Kerdudo, Anne-M.
Feutren, Eulalie.
Blévennec, Angél.
Corfec, Marie-Y.
Cozic, Marie-F.

Tonquédec

Duval, Francine.
Riou, Jeanne.

Trégrom

Gouriou, Joséph.
Maou, Emeline.

CANTON DE TRÉGUIER

Dictée. — *L'Industrie française pendant la Révolution* : Bloquée de toutes parts, la France s'était vue réduite à ses propres ressources. Ses besoins augmentaient par la nécessité de repousser l'ennemi qui était à ses portes. Le gouvernement fit un appel aux savants, et, en un instant, le sol se couvrit d'ateliers ; des méthodes plus parfaites et plus expéditives remplacèrent partout les anciennes ; le salpêtre, la poudre, les fusils, les canons, les cuirs, etc. furent préparés et fabriqués par des procédés nouveaux, et la France a fait voir à l'Europe étonnée ce que peut une grande nation, lorsqu'on attaque son indépendance.

Calcul. — 1. Un pré de forme rectangulaire, a 82 m. de longueur sur 45 m. de largeur. On l'a acheté à raison de 5,600 fr. l'ha. Il a fourni une récolte totale de 1,600 Kg. de foin. Combien devra-t-on vendre les 1000 kg. de ce foin pour que l'argent employé à l'achat du pré ait rapporté 5 0/0 ?

2. Une citerne, dont le fond est rectangulaire, a des parois verticales ; sa longueur est de 2 m. 40 ; sa largeur de 1 m. 80, et l'eau qu'elle contient s'élève à une hauteur de 1 m. 25. Chaque jour on y puise 4 seaux d'eau contenant chacun 1 Décal. Pendant combien de jours pourra-t-on le faire avant que la citerne ne soit entièrement à sec ?

Rédaction. — Vous décrirez une ruche d'abeille : la ruche, les abeilles, le contenu de la ruche, les essaims, la récolte des abeilles. Vous direz ce qu'on fait du miel et de la cire. Vous terminerez en tirant de l'exemple de ces petits animaux une leçon morale à votre adresse.

Garçons

ONT ÉTÉ REÇUS :

ÉCOLES DE :

Ecole commun. de Tréguier

Adam. François. *g.*
Lohou, Jean. *id.*
Troadec Emile. *id.*
Tallibard, Fra k. *id.*
L · Goff, Yves. *id.*
Le Coz. Louis. *id.*
André Gaultier
de Kermoal *id.*
Le Bail, Hyac. *id.*
Dagorn, Guil. *id.*
Rovarch, Pierre. *id.*
Geffroy, J.-M. *id.*
Dagorn, Yves. *id.*
Bouillonner, G. *id.*
Droupet. Yves *id.*
Garel. Armand. *id.*
Lagadec, Franç. *id.*
Roverch, Hub. *id.*
Courtès, Guil. *id.*
Guerlesquin, M. *id.*
Clais. Jules, *id.*
Corniou, Franç. *id.*
Broudic, Charl. *id.*

—

Camlez

Toulouzan, P.-M.

Vot, Jean-Pierre.
Gueu, Yves.

—

Coatréven

Meudic, Franç.-M.
Rouzault, Jean.
Guégou, Joseph.
Derrien, Yves-M.
Le Fiem, François.
Durand, Louis.

Penvénan

Kerleau, François.
Gouriou, Désiré.
Cojan, Désiré.

—

Plougrescant

Le Gall, Alexand.
Lhostis, Ch.-Marie

—

Plouguiel

Louarn, Yves-M.
Mogne, Luc.
Ramon, Gustave.
Filous, Jean-Marie.
Rouzès, Yves-Mar.

Filles

ONT ÉTÉ REÇUES :

ECOLES DE :

Tréguier

Riou, Ernestine.
Guégau, Marie.

Picart, Joséphine.
Talabardon, Emma.
Morel, Julie.

ÉCOLES DE :

Kergall, Mélanie.
Cabel, Jeanne-M.
Le Dû, Anne-M.
Morel, Fanny.
Goubert, Alice.
Nicolas, Madeleine.
Graciet, Marie-Jos.
Sabo, Marie.

—

Camlez

Fichant, Bernadet.
Adam, Caroline.
Guélou, Anne M.
Lamer, Amélie.
Huel, Elflamine.

—

Coatréven

Le Corre, Jean-M.
Le Carou, Jean-M.
Cadiou, Françoise.
Jeannou, Franç.

—

Langoat

Tanguy, Anne-M.

Ollivier, Anne-M.
Philippe, Francine.
Le Deu, Anne-M.
Arzur, Catherine.

—

Lanmérin

Pérennès, Jean.-M.
Lostic, Thérèse.
Geffroy, Emilie.

—

Penvénan

Guégou, An.-M.
Gouriou, Jean-M.
Guillou, Mar.-Jos.
Cloarec, Marguer.
Nicolas, Henriette.

—

Plouguiel

Moreau, Marie-Eul.
Guluche Jos.-Marie
Quellec, Mar.-Nath.
Hamon, Léocadie.

MATIÈRES COMPLÉMENTAIRES. — Elèves déjà pourvus du Certificat

Ecole de Fréguier

Kerleau, P. d. a g.
Kerieau, Louis. id.
Trémel, J.-M. d. a.
Mével, François. a.
Meubry, J.-M. d. a.
Rolland, Pierre. id.
Pollès, Ch. g.

Ecole de Penvénan

Nicolas, Franç. a.
Maillot, Alb. a. d.
Gélard, Y.-M. a.
Bitous, Léon. ag.

CIRCONSCRIPTION DE LOUDÉAC

CANTON DE LOUDÉAC

Dictée. — *La mort du Chevreuil* : J'étais à la chasse ; un chevreuil innnocent et heureux bondissait de joie dans les serpolets sur la lisière d'un bois. Je l'apercevais par-dessus les tiges des bruyéres, dressant les oreilles, jouissant de sa solitude, de sa sécurité : je le tenais au bout de mon fusil J'éprouvais bien un certain remords à tranch r la vie d'un être qui ne m'avait jamais fait de mal, pour qui brillait le même soleil, qui qui était enlacé peut-être des mêmes liens d'affection dans sa forêt, attendu par sa mère, cherchant son frère. Le coup partit, le charmant animal tomba, l'épaule brisée par la balle ; il me regardait la tête couchée sur l'herbe, les yeux pleins de larmes.

Je n'oublierai jamais ce regard qui me disait : « Qui es-tu ? Je ne t'ai jamais offensé ; pourquoi m'as-tu frappé à mort ; pourquoi m'as-tu ravi ma part du ciel, de lumière, d'air, de jeunesse ? Cependant je te pardonne ; il n'y a pas de colère dans mes yeux, toute ma nature est douce même contre mon assassin ; il n'y a que de l'étonnement, de la douleur, des larmes. De ce jour je n'ai plus tué.

LAMARTINE.

Calcul. — 1. Un cultivateur possède un champ de 240 m. de long sur 160 m. de largo. Il l'entoure d'arbres qu'il place à 5 mét. les uns des autres. Il paie ces arbres 1 fr. 75. Combien lui coûte cett plantation ?

2. Un hectol. de blé pèse 78 Kg. Combien y a-t-il de doubles Décal. de blé dans 1170 Kg. de blé ?

Rédaction.—Quels sont les devoirs des frères et des sœurs entre eux et particulièrement envers les aînés ?

Garçons

Ont été reçus :

ECOLES DE :

Loudéac

Anger, Félix.
Poncin, Alfred.
Jan, Henri.
Leduc, Joseph.
Le Coq, François.
Le Maire, Ange.
Le Mouël, Alexand.

—

St-Guillaume

Gaudin, Baptiste.
Rio, Jean.

—

La Motte

Hicquel, Paul.
Georgelin, Auguste.
Le Maître, Ange.

Guervéno, Joseph.
Pincemin, Louis.
Pincemin, Victor.

—

St-Caradec

Fraboulet, Pierre.
Harnois, Math.
Le Vaux, Joseph.
Morel, René.
Thomas, Victor.

—

Hémonstoir

Morice Mathurin.

—

Le Coasquer

Hugues, Louis.

Filles

Ont été reçues :

ECOLES DE :

Loudéac

Demay, Louise.

Auffret, Marie-Jos.
Conan, Joséphine.

ÉCOLES DE :

La Motte	Trévé
Blanchard, Marg.	Le Boudec, M.-L.
Hervé, Léonie.	Amicel, Césarine.
Tardivel, Marie-H.	
Le Maître, Angèle	**St-Caradec**
Duclos, Hélène.	Le Maux, Marie.
	Ollivier, Marie.

CANTON DE COLLINÉE

Dictée. — *Les Etoiles* . Aussitôt après le coucher du soleil, les étoiles apparaissent dans l'immensité du ciel. On en voit d'abord une, deux, trois, et ce sont les plus brillantes ; mais bientôt leur nombre se chiffre par dizaines, par centaines, par milliers.

Du nord au sud, la voûte céleste est traversée par une bande d'un blanc laiteux, d'où son nom de voie lactée ; l'œil y discerne une multitude d'étoiles. La quantité de ces astres est telle qu'on l'évalue à une vingtaine de millions, et encore les lunettes astronomiques n'ont pas atteint les limites de cette immense agglomération de mondes. Plus la puissance des instruments augmente et plus les abîmes du firmament révèlent d'astres ; l'imagination en est confondue. Chaque jour des découvertes nouvelles font faire un pas considérable à l'astronomie.

Calcul. — 1. Un homme possède 42,500 fr., il en place les 2/5 à 4 fr.50 0/0 et le reste à 3 fr. 75 0/0 Quel est son revenu par mois ?

2. Une cour a 9 m. 40 de long sur 6 m. 80 de large. On la pave avec des pavés de forme carrée de 0 m. 20 de côté. Combien en faudra-t-il et quel en sera le prix à raison de 22 fr. le mille ?

Rédaction. — En retournant de l'école vous avez vu un charretier frapper brutalement un cheval très lourdement chargé et qui ne pouvait avancer. Un passant indigné administra une maîtresse correction au charretier. Racontez la scène Que pensez-vous de la conduite de ces deux hommes et qu'auriez-vous fait à la place du second ?

Garçons

ONT ÉTÉ REÇUS :
ÉCOLES DE :

Collinée

Blanchard, J.-L.
Biche, Alexis.
Mahé, Jean-Louis.
Leprêtre, Ange.
Soul baille, Franç.

Tardivel, Victor.
Perret, Alexis.
Méhent, Lézin.
Clément, Pierre-M.
Beausseault, Célest.

—

St-Gouéno

Collet, Jean-Bapt.
Loray, Pierre.
Moro, Joseph.
Rochard, Augustin.

St-Jacut

Bonnion, Franç.
Cantin Isidore.

—

—

Gouray

Langlais, Jean-B.

St-Gilles-du-Méné

Radenac, Eugène.

Filles

ONT ÉTÉ REÇUES :
ÉCOLES DE :

Collinée
Rault, Anne-M.
Daniel, Berthe.

Gouray
Doublard, Elisa.
Gorvel, Ludivine.
Richard, Laurent.
Recoursé, Léocadie.

St-Gouéno
Tertre, Marie-Jos.
Gicquel, Marie-Jos.
Even, Elisabeth.
Colleu, Marie-A.

—

St-Jacut
Pignochet, Emilie.

CANTON DE CORLAY

Dictée. — *Colbert* : Colbert était un esprit quelque peu pesant et dur, mais solide, actif, invincible au travail. Ses règlements industriels furent singulièrement vexatoires, mais il porta sur le commerce le regard le plus éclairé. Il fit des routes et assura le commerce de mer par la destruction des pirates. En même temps il portait dans l'administration une main hardie ; il restreignit les exemptions d'impôts que les ecclésiastiques, les nobles et les bourgeois étendaient à leurs fermiers.

Cet homme, sorti d'un comptoir, avait le sentiment de la grandeur de la France. Les principaux monuments de Louis XIV, les beaux établissements, l'Observatoire, les bibliothèques, les académies, reviennent en grande partie à Colbert. Il fit donner des pensions aux gens de lettres, aux artistes de France et même des pays étrangers.

MICHELET.

Calcul. — Un fermier a vendu 4 bœufs à raison de 315 fr. chacun. Il a obtenu en échange 62 mèt. de drap qu'il revend 24 fr. 75 le mètre. Combien a-t-il gagné ou perdu pour 100 sur le prix de vente de ses bœufs ?

2. Sachant que les pièces d'argent sont au titre de 0,835, quel est le poids de l'argent pur contenu dans une somme de 745 fr.

Rédaction. — Quel est le personnage historique de la Bretagne que vous préférez ?

Garçons

ONT ÉTÉ REÇUS :

ECOLES DE :

Corlay

Le Floïch, Yves.
Turdu, Joseph.
Jolly, Pacifique.
Robin, Jean-Bapt.
Le Noane, Alexis.
Rivoallan, Guill.
Merrien, Guill.
Charles, Mathurin.
Cozic, Julien.

Haut-Corlay

Bourgeon, Jean-B.

St-Mayeux

Joanny, Louis.
Le Corre, Thomas.
Le Denmat, Jules.

St-Martin-des-Prés

Bertrand, Louis.

Filles

ONT ÉTÉ REÇUES :

ECOLES DE :

Corlay

Guillou, Françoise.
Goupil, Lucie.
Le Coq, Célestine.
Martai, Célestine.
Derrien, Marie.
Bannier, Françoise.

Haut-Corlay

Tanguy, M.-Rose.

St-Mayeux

Le Goff, Anne-M.
Menguy, Julienne.

Menguy, Ambrois.
Le Toux, Marie-L.
Marsouin, Hort.

Plussulien

Trémel, Clément.
Hindoux, Mathur.

St-Martin-des-Prés

Le Denter, Marie.
Goupil, M.-Rose.
Tilly, Hortense.

CANTON DE GOUAREC

Dictée. — *Misère des paysans au 17e siècle :*
Il se trouvait des hommes qui, à la sueur de leur
front, soignaient cette terre dont d'autres hommes semblaient s'acharner à tarir les bienfaits.
Quelle protection leur était accordée pour ces
moissons si chèrement et si laborieusement ob-
tenues ? Aucune. Le gibier féodal, les vagabonds
et les gens de guerre venaient trop souvent enlever la dernière espérance du laboureur, lui ra-
vir le fruit du rude travail de toute une année.
On sait, à cette époque, quelles immenses forêts
couvraient le territoire de notre France. Les
campagnes dans le voisinage de ces forêts étaient
ravagées par des bandes de bêtes fauves. L'arti-
cle 137 de l'ordonnance d'Orléans défendait au
paysan de tuer ces bêtes, même lorsqu'elles en-
traient sur son bien ; il n'avait que la permission
de les écarter avec des pierres, sans les blesser.
Dans les cahiers des Etats généraux de 1789 on
se plaignait encore que les bêtes fussent préfé-
rées aux gens.

FEILLET.

Calcul. — 1. Un marchand a acheté une
pièce de drap de 240 m. à 22 fr. 50 le mèt. Il en
revend 1/3 à 23 fr. 50 ; 1/5 à 24 fr. et le reste à
25 fr. Combien a-t-il gagné ?

2. Quel est le prix de 250 gr. de café, lorsque
le double Décagr. se vend 0 fr. 12 ?

Rédaction. — Que signifie le proverbe : Il
ne faut pas courir deux lièvres à la fois. Citez
des exemples.

Garçons

ONT ÉTÉ REÇUS :

ECOLES DE :

Gouarec

Noël, Charles.
Le Guen, Yves.
Flamand, Pierre.

—

Mellionnec

Herpe, Vincent.
Boscher, Louis.
Sallinec, Yves.
Le Blond, Louis.

Plélauff

Rault, André.
Poulain, Mathurin.
Frabjulet, Joseph.

—

Laniscat

Mercier, Albert.
Le Névez, Guill.

Filles

ONT ÉTÉ REÇUES :

ECOLES DE :

Gouarec

Le Pennec, Eug.
Dagorn, Angélique.
Carro, Anaïs.
Poëzevara, Aug.
Guillou, Julienne.
Touboulic, Ambr.
Courton, Pauline.
Goïc, Joséphine.
Briand, Ursule.
Daniel, Marie.
Jouan, Marie.
Bozec, Anne-Marie.

Paulou, Jeanne-M.
Mével, Cécile.
Rivoal, Joséphine.
Thomas, Jeanne-M.
Robin, Louise.

—

Plélauff

Nagard, Victorine.
Le Floch, Mathur.

—

St-Gelven

Le Breton, J.-M.

CANTON DE LA CHÈZE

Dictée — *Le Bœuf* : Le bœuf, le mouton et les autres animaux qui paissent l'herbe, non seulement sont les meilleurs, les plus utiles, les plus précieux pour l'homme, puisqu'ils le nourrissent, mais ils sont encore ceux qui consomment et dépensent le moins. Le bœuf est surtout à cet égard l'animal par excellence, car il rend à la terre tout autant qu'il en tire et même il engraisse son pâturage, au lieu que le cheval et la plupart des autres animaux amaigrissent en peu d'années les meilleures prairies.

Le bœuf ne convient pas autant que le cheval et l'âne pour porter les fardeaux ; la forme de son dos et de ses reins le démontre, mais la grosseur de son cou et la largeur de ses épaules indiquent assez qu'il est propre à tirer et à porter le joug. La masse de son corps, la lenteur de ses mouvements, le peu de hauteur de ses jambes, tout semble concourir à le rendre propre à la culture des champs.

Calcul. — 1 Deux trains partent de Paris en même temps, l'un avec une vitesse de 45 Km. à l'heure, l'autre de 60 Km. à l'heure. Combien le premier arrivera-t-il de minutes avant le second dans une ville éloignée de Paris de 428 Km ?

2. Combien peut-on tirer de seaux d'eau d'un réservoir qui a 2 m. 40 de long, 1 m. 60 de large et 2 m. 80 de profondeur, la capacité du seau étant de 15 lit. ?

Rédaction. — Expliquer le proverbe : Une souris qui n'a qu'un trou est bientôt prise ; et montrer à l'aide d'exemples, qu'il faut toujours

avoir plusieurs moyens à sa disposition dans une
entreprise quelconque.

Garçons

ONT ÉTÉ REÇUS :

ECOLES DE :

La Chèze

Bolloré, Alexand.
Le Bouché, Jean.

La Ferrière

Louesdon, Joseph.

St-Barnabé

Oillraut, Pierre.
André, Eugène.
Le Sage, Oillvier.

Filles

ONT ÉTÉ REÇUES :

ECOLES DE :

La Chèze

Gillais, Louise.

Cambout

Le Mercier, M.-J.
Morel, Joséphine.

La Ferrière

Brunel, Joséphine.

St-Barnabé

Robin, Mathurine.

CANTON DE PLÉMET

Dictée. — *Le Lin* : Dans certaines régions
de la France, et principalement dans le Nord, on
cultive beaucoup le lin. C'est une plante textile
dont la hauteur peut atteindre 1 m. 30. Sa fleur
est d'un très beau bleu tendre, et la hauteur
presque uniforme des tiges fait ressembler un
champ de lin à une immense nappe jaunâtre par-
semée de fleurs bleues.

On arrache le lin vers le mois de juillet et on l'é; tend sur le champ. Quand la graine est bien sé- chée au soleil, on le bat, puis il est exposé une huitaine de jours à la pluie ou dans l'eau. C'est le rouissage ; l'écorce se ramollit encore et il est facile, à l'aide d'instruments particuliers, de l'en- lever. Le fil reste et il est envoyé successivement à la filature et au tissage. Des comices liniers se sont formés pour encourager la culture du lin. Ils distribuent chaque année des primes aux per- sonnes qui ont récolté cette plante.

Calcul. — Une somme de 18,500 fr. a été placée à 4 1/2 0/0. On a retiré 33,650 fr capital et intérêts réunis. Combien de temps cette somme a-t-elle été placée ?

2. Combien y a-t-il de demi-décal. dans 42 hectol. et demi ?

Rédaction. — Quels sont les devoirs des enfants envers leurs parents. Citez des exemples.

Garçons

Ont été reçus :

ECOLES DE :

Plémet

Le Lay, Eugène.
Radenac, Adolphe.
Chapel, Joseph.
Hervé, Eugène.
Chauvel, Joseph.
Gougeon, Joseph.
Péroneau, Louis.
Blanchard, Pierre.
Cadro, Henri.
Sanson, Joseph.

Vaublanc

Poisneuf, Eugène.
Meunier, Eugène.

Macé, Victor.

Coetlogon

Miché, Joseph.
Darul, Auguste.
Gaulier, Auguste.
Angoujeard, Jos.
Amyot, Jean-M.

La Prénessaye

Macé, Jules.
Flajeul, Mathurin.
Flajeul, François.
Le Floc'h, Aimé.

Filles

ONT ÉTÉ REÇUES :

ÉCOLES DE :

Plémet	La Prénessaye
Le Mée, Césarine.	Kermeur, Louise.
Poisson, Joséphine.	Le Ray, Victorine.
—	Fourchon, Jeanne.
	Kermeur, Eugénie.

CANTON DE MERDRIGNAC

Dictée. — *L'électricité* : Les anciens découvrirent qu'en frottant l'ambre jaune, ce corps acquérait la propriété surprenante d'attirer les corps légers, tels que barbes de plume, de petits morceaux de papier. Cette propriété fut attribuée par eux à une cause particulière qui a reçu le nom d'électricité. Dès le seizième siècle, on constata que ce phénomène se produit avec le verre, le soufre, la résine ; mais un grand nombre de corps, et en particulier les métaux, parurent d'abord incapables d'être électrisés par le frottement. Au dix-huitième siècle, une expérience célèbre de Gray vint montrer que la propriété électrique communiquée par le frottement à un tube de verre peut être transmise à une tige de sapin plantée dans un bouchon, à une corde de chanvre attachée à la tige et enfin à une boule d'ivoire ou de métal placée à l'extrémité de la corde.

Calcul. — Une personne a placé 12,500 fr. à 4 1/2 0/0 par an. Elle a retiré 13,200 fr. Combien de temps son argent a-t-il été placé ?

2. Vaut-il mieux acheter du café brûlé à 6 f. 50 le kg ou l'acheter vert à 4 fr. 80, sachant qu'il perd en le brûlant 1/5 de son poids ?

Rédaction. — Un de vos amis vous a écrit pour vous annoncer qu'il avait déniché un nid d'oiseaux pour les mettre dans une cage. Répondez-lui ; dites-lui ce que vous pensez de son action et pourquoi vous le pensez.

Garçons

Ont été reçus :

ECOLES DE :

Merdrignac
Ferré, Joseph.
Ruello, François.
Posnic, Aimé.
Léjard, Pierre.
Hervé, Auguste.

Gommené
Adam, Jean-Marie.
Bongré, Joseph.

Illifaut
Chardevel, Léon.
Temper, Eugène.

Lanrenan
Clérice, François.
Rouxel, Joseph.
Gourdel, Joseph.

Loscouet
Perrault, Toussaint.

Jacqu, Henri.
Verger, Joseph.
Lorand, Adrien.
Olivier, Pierre.

Mérillac
Regnault, Jean-L.
Cormeau, Domin.

St-Launeuc
Dagueau, Emile.

St-Véran
Villeneuve, Louis.
Badouard, Mathur.
Auffret, Jean-B.

Trémorel
Bréard, Léon.

Filles

ONT ÉTÉ REÇUES :

ÉCOLES DE :

Merdrignac

Léjard, Marie.
Travaillé, Léontine.
Bouédo, Adélaïde.
Surel, Emma.
Josse, Aurélie.
Josse, Jeanne.
Renouvel, Anna.
Leray, Virginie.
Allenic, Joséphine.
Pinot, Anna.
Josse, Jeanne.
Lecorvaisier, L.
Derveau, Marie.
Cormault, Reine-M.
Desbois, Gabrielle.

Illifaut

Le Breton, Marie.
Fresnel, Marie.
Baherce, Mélanie.
Méance, Léontine.

Lanrenan

Brichory, Marie.
Leclercq, Anne-M.

Mérillac

Mazel, Rosalie.
Ménager, Anne-M.
Salmagne, Amélie.
Honis, Rosalie.
Massé, Marie-Th.

St-Launeuc

Duval, Rosalie.

St-Véran

Olivier, Eléonore.

Trémorel

Jumel, Anna.
Lorand, Victorine.
Rouxel, Adèle.
Guéneuc, Marie-J.

CANTON DE MUR

Dictée. — *L'Or* : L'or est un métal précieux à cause de sa rareté et de ses propriétés particulières. Il se présente, soit sous l'aspect d'une poudre ou de paillettes roulées par certains cours d'eau, soit à l'état de filons, c'est-à-dire de veines métalliques renfermées dans le sein des roches et des montagnes. Le moyen de faire de l'or a été longtemps cherché par les alchimistes, mais ils ne l'ont point trouvé, car l'or est un corps simple, et par conséquent il ne peut être fabriqué. Les mines d'or les plus importantes ont été découvertes en Californie et en Australie. L'or est inaltérable, très tenace, très ductile, et peut être réduit en lames fort minces au moyen d'instruments appelés laminoirs. Nos bijoux, notre monnaie, beaucoup d'ornements sont fabriqués avec de l'or On l'applique en feuilles sur divers objets, afin qu'ils ne soient pas altérés par l'action de l'air.

Calcul. — Une somme a été placée pendant 2 ans et 6 mois à raison de 4 fr. 50 0/0 par an. Elle a ainsi produit un intérêt total de 2548 fr. Quelle est cette somme ?

2. Aditionnez les fractions suivantes : 2/3, 3/4, 3/5 et expliquez l'opération.

Rédaction. Votre parrain vous a envoyé une pièce de 20 fr parce que vous avez été reçu à l'examen du certificat d'études. Ecrivez-lui pour le remercier et dites-lui comment vous comptez employer cette somme.

Garçons

ONT ÉTÉ REÇUS :

ECOLES DE :

Mûr

Ollitrault, Yves-M.
Nicolleau, Henri.
Le Breton, Mathu.
Audren, Joseph.
Le Breton, Joseph.
Taloté, Mathurin.
Guillo, Joachim.

—

St-Guen
Delugeard, Henri.

St-Conneo

Torchard, P.-M.
Beaudic, Pierre-M.

—

St-Gilles

Robin, Jean-Marie.
Le Mercier, Joseph.

Filles

ONT ÉTÉ REÇUES :
ECOLES DE :

Mûr

Léanté, Marie-An.
Chamony, Philom.
Jouan, Marie-Hya.
Le Pottier, Marie-An.

—

St-Connec

Torchard, Léonie.

St-Gilles

Rivollan, Marie.
Fricquet, Victoire.

—

St-Guen

Drogoff, Marie-Hya.
Collen, Marie-Jos.
Pedrot, Marie.
Ropert, Marie-L.

CANTON DE PLOUGUENAST
Garçons

ONT ÉTÉ REÇUS :
ECOLES DE :

Plouguenast

Gallais, Eugène.
Le Roux, Jean-L.
Bidan, Eugène.
Guyomard, Victor.

—

Langast

Pellan, Emman.
Helloco, Fréd.-Et.

—

Cormean

Flageul, Ange-M.

Plémy

Roland, Franç.
Rat, Joseph

—

St-Laurent

Rat, François.

—

Plessala

Rouille, Pierre.
Poilvert, César.
Robiu, Joseph.
Rouxel, Onesime.
Veillet, Jean-Franç.

Filles

ONT ÉTÉ REÇUES :
ECOLES DE :

Plouguenast

Lalican, Marie-Jos.
Rault, Anne-Marie.
Houée, Marie-F.

Moisan, Eugénie.

—

Cormen

Branchet, Marie-A.

ÉCOLES DE :

Plémy

Boishardy, Marie.
Le Moine, Victoire.

Vieux-Bourg

Le Helloco, M.-R.

CANTON D'UZEL

Garçons

ONT ÉTÉ REÇUS :

ECOLES DE :

Uzel

Jégard, Vincent.
Quintin, Denis.
Le Hidy, Jean-M.

—

Grâce-Uzel

Sommier, Jos.-M.

Bourhy, Yves-Mar.

—

Merléac

Garnier, Hyacint.
Chevalier, August.

Filles

ONT ÉTÉ REÇUES :

ECOLES DE :

Allineuc

Dauny, Elisa.
Dousseux, Marguer.

—

Merléac

Gestin, Marie-F.
Gaven Marie-R.
Boscher, Marie-F.

St-Hervé

Rault, Joséphine.
Aubin, Anne Mar.
Tardivel, Rosalie.
Sohier, Aline.

—

St-Thélo

Rault, Anne-Marie.
Denis, Thélonie.
Le Goff, Marie.
Rolland, Marie.

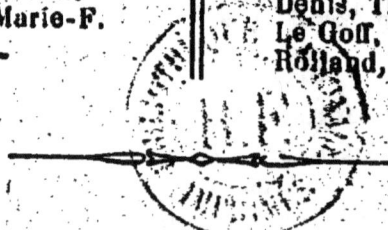

EXTRAIT DE LETTRES

Adressées à l'Auteur

PAR LES AUTORITÉS SCOLAIRES

—————

« Dès à présent j'applaudis à votre initiative. »

P. GRANET,
Préfet.

« Je désire voir votre ouvrage dans toutes
« les bibliothèques, surtout dans les bibliothè-
« ques scolaires. »

X...,
Inspecteur Primaire à St-B....

« J'estime que la publication de votre Livre
« d'Or mérite un accueil favorable, et que ce
« petit ouvrage a sa place marquée dans la
« bibliothèque de la famille aussi bien que
« dans celle de l'école. »

X...,
Inspecteur Primaire à L...

« Le recueil que vous commencez devrait
« figurer dans toutes les écoles : ce sera un
« livre précieux à tous égards pour les élèves
« et pour les maîtres. »

X...,
Inspecteur Primaire à L...

« Je souhaite à votre travail tout le succès
« que vous en attendez et qu'il mérite. »

X...,
Inspecteur Primaire à D...

www.ingramcontent.com/pod-product-compliance
Lightning Source LLC
Chambersburg PA
CBHW051731090426
42738CB00010B/2208